Osez... tout savoir sur la fellation

dans la même collection

Osez l'échangisme, Hélène Barbe
Osez faire l'amour partout sauf dans un lit, Marc Dannam
Osez les jeux érotiques, Dominique Saint-Lambert (à paraître)
Osez le SM, Gala Fur (à paraître)

Illustration de couverture : Arthur de Pins
Conception graphique : Carole Peclers, Monique Plessis

122 rue du Chemin-Vert
75 011 Paris

ISBN : 2-84271-182-3

Dino

Osez... tout savoir sur la fellation

La Musardine

du même auteur

Guide pratique de la fellation, Éditions onLIVRE, 2001
Un mari dans l'embarras, Éditions onLIVRE, 2002

prologue

La « fellation » – du latin *fellare*, sucer – se définit dans le dictionnaire comme l'excitation buccale du sexe de l'homme. C'est à la fois bien peu et tout à fait considérable. C'est peu car cette simple notion d'excitation ne dit rien de l'infinité des techniques et des plaisirs de la fellation. C'est considérable car l'introduction de ce mot tabou dans un ouvrage grand public – le dictionnaire ! – dit bien tout le chemin parcouru « socialement » autour de cette pratique dans les trente dernières années du XXe siècle.

La fellation est tout sauf une pratique érotique qui laisse indifférent. Mieux, nous pourrions encore trouver bien d'autres alibis culturels du côté de la photographie – notamment dans les clichés de *Porn art* de Dahmane – et de la littérature, où il est difficile de ne pas citer au moins les images évocatrices de *La Marée* de André Pieyre de Mandiargues. Faut-il pour autant faire une apologie sans réserve de cette pratique ? Nous ne saurions manquer, pour être honnête,

de peser le pour et le contre en évoquant les interdits, les préjugés, les dégoûts qui s'y s'opposent.
Tout d'abord, force est de constater que la fellation ne fait pas bon ménage avec la tradition chrétienne. Selon les mots hier employés par les confesseurs, l'acte sexuel a pour unique vocation la procréation et, à ce titre, l'homme se doit de déverser sa semence dans le « vase » naturel de la femme, c'est-à-dire le vagin. La bouche, ainsi, se trouve exclue d'un éventuel plaisir. De même, dans *Le Jardin parfumé*, manuel d'érotologie hérité de la tradition islamique, cette pratique se trouve écartée. Mais, au-delà des interdits religieux, existent également des interdits légaux au sein d'un certain nombre de pays, et parfois des plus inattendus. D'aucuns s'étonneront ainsi qu'aux U.S.A., voici peu de temps encore, une pleine douzaine d'États menaçaient de prison les pratiquants de la fellation, que ceux-ci soient homosexuels ou non, mariés ou non, chez eux ou non. Situation pour le moins étonnante si l'on considère que la consommation de tabac, pourtant avérée cancérigène, n'est pas interdite dans la rue...

Abhorré *coït ab ore* ?

À l'évidence, il y a également du contre en ce domaine, dans ses approches religieuse, légale, sociale mais aussi dans son approche privée. Tout irait pour le mieux, en effet, si homme et femme, au sein d'un couple, avaient une attitude commune de refus ou d'acceptation, de consommation modérée ou sans limite. Malheureusement, ce phénomène de « balance » s'observe fréquemment au sein des couples, l'un (généralement le monsieur) étant parti-

san de ce *coït ab ore* (coït buccal) et l'autre demeurant hostile à cette pratique abhorrée. Bien des hommes, ainsi, souffrent d'une véritable frustration de plaisir bucco-génital. Bien des femmes, aussi, se trouvent déchirées par les refus qu'elles opposent à leur compagnon, ou souffrent d'une acceptation forcée qu'elles vivent avec dégoût comme une indignité.
Cette vision se trouve étayée par de multiples enquêtes ou sondages. En 1948, le rapport Kinsey indiquait que 60% des hommes américains déclaraient avoir personnellement connu la fellation. À l'inverse, en 1972, en France, le rapport Simon mentionnait que moins de 50% des hommes l'avaient vécue. Étonnante différence pour un pays « gaulois » moins puritain...
De même, côté femmes, en 1976, le rapport Hite rapportait qu'une Américaine sur deux affirmait pratiquer la fellation selon les attentes de son mari. À la toute fin du siècle, pourtant, en France, un sondage *Elle*-I.F.O.P. mentionnait que trois femmes sur quatre ne se prononçaient pas. Pire, lorsqu'elles acceptaient de le faire, 1/3 d'entre elles admettaient ne pas la pratiquer et 1/4 seulement déclaraient le faire par plaisir.

Un déséquilibre des appétits

Ainsi, lorsque l'on compare ces chiffres, on voit se dégager pour tendance générale que plus de la moitié des femmes n'apprécient pas la fellation. D'autres études indiquent en outre que les femmes cadres ou de professions libérales la pratiquent davantage, que les 25-34 ans la pratiquent deux fois plus, et que l'on s'y adonne plus volontiers avec son partenaire habituel qu'avec un partenaire de passage.

Cette tendance générale n'est pas, bien sûr, sans créer des problèmes entre les hommes et les femmes. Au reste, ce déséquilibre des appétits entre les deux sexes recouvre une multitude de situations. D'un côté, il y a celles qui s'y refusent, celles qui s'y livrent à contrecœur, avec un dégoût ou un ennui évident, ou bien encore celles dont la timidité ou l'inexpérience vient gâter la bonne volonté. De l'autre côté, il y a ceux qui souffrent d'un refus total ou d'une absence de « fantaisie », ceux qui vont voir ailleurs, ou bien encore ceux qui aimeraient se montrer patients et pédagogues. Bref, l'absence de fellation ou une fellation mal dispensée peut être un vrai problème de couple, susceptible de causer infidélités ou ruptures en venant amplifier des tensions d'autre nature. À l'inverse, il est certain que lorsqu'elle est régulièrement et savamment pratiquée, la fellation ne peut pas nuire à la bonne entente d'un couple... Cette reine des caresses, lorsqu'elle est bien vécue par l'un et l'autre, constitue pour le couple une extraordinaire occasion de plaisir et d'authentique intimité partagée.
Au-delà de ses conseils « techniques », ce guide a ainsi vocation à permettre au couple d'évoquer la question hors crise et de se confier ses peurs, ses frustrations, ses envies secrètes.

Destiné à être lu à deux, il compte en outre des chapitres comportant des conseils plus spécialement adressés aux hommes et d'autres plus spécialement aux femmes. Nous vous les indiquerons le moment venu. Il va sans dire que Monsieur et Madame peuvent lire aussi ce qui ne leur est pas directement consacré, il faut bien s'instruire.

Brève histoire de la fellation, vidéo X et petite histoire politique

Le tabou de la fellation s'est extirpé des zones les mieux enfouies de notre conscience collective au début des années 70, grâce au film *Deep Throat* (*Gorge profonde*) de Gérard Damiano. Cette production « X » a constitué une révolution pour notre société, et, sans doute davantage encore, pour les pays anglo-saxons, où pèsent nombre d'interdits sexuels légaux. Le film a connu un immense succès mondial et, en en faisant un genre à part entière, il a ouvert en grand à la fellation les portes d'un cinéma pornographique commercial encore naissant. En outre, les prouesses buccales de Linda Lovelace ont indubitablement suscité des échanges de vues et... des demandes au sein des couples. Elles ont également eu pour effet de débrider l'ensemble du cinéma pornographique, qui a lui-même aspiré dans son sillage la bande dessinée. L'expression « gorge profonde » a si bien marqué son temps qu'elle a valu son surnom au mystérieux et très bavard indicateur du scandale du Watergate – première association notoire de la Maison Blanche à la fellation...

Depuis, avec la cassette « porno », les ébats érotiques les plus débridés pénètrent chez Monsieur et Madame Tout-le-Monde, et... sans doute là encore les esprits s'échauffent-ils. Bref, la pornographie s'embourgeoise et le couple se trouve confronté à domicile à ses divers « exercices de style », au rang desquels la fellation, bien sûr, n'occupe pas la moindre des places.

Un jeu nécessairement sans conséquences

Au-delà de ces débordements cinématographiques, un second événement d'un réel retentissement mondial a en effet valu à la fellation une entrée en force dans les conversations entre conjoints, amis et collègues : le scandale Lewinsky–Clinton, surnommé Monicagate, et qui constitue, après le Watergate, la seconde association notoire de la Maison Blanche à la fellation.

Monica Lewinsky mériterait avant tout le surnom de « Gorge profonde » pour avoir été elle aussi très bavarde sur ce qui se tramait d'intime au sein du palais présidentiel. On reproche au président américain d'avoir menti et de s'être parfois laissé aller à certaines facéties érotiques avant des rendez-vous officiels ou l'office. Quant au reste, une dizaine de relations sexuelles, dont neuf fellations, il n'y a pas de quoi fouetter un président ! Si Bill Clinton n'a effectivement éjaculé qu'à deux reprises, on peut se demander à quoi ça sert d'avoir voulu être l'homme le plus puissant du monde... Tout cela ressemble assez à des jeux d'adolescents.

Au bout du compte, ces pratiques amoureuses ne sont vraiment pas méchantes. Elles le sont même si peu que les partisans du président n'ont eu de cesse d'imposer l'idée qu'il s'agissait là plutôt de jeux érotiques que de véritables relations sexuelles. Arguties discutables, certes... mais qui ont eu pour effet d'imposer l'idée que la fellation demeure un jeu sans conséquences. Et cette idée de jeu désormais accessible à tous, parce que présente dans les conversations, est assez neuve pour la prude Amérique dont de nombreux États avaient fait de la fellation (et de la sodomie) un interdit légal, y compris au domicile des couples mariés.

Une audience « plus particulière »

Sur le Vieux Continent, notamment en France, cette idée était depuis longtemps mieux à même de s'imposer. Un siècle plus tôt, en 1899, un vaudeville semblable avait diverti la France, bien qu'il ait eu, lui, une conclusion dramatique. Le président de la République, Félix Faure était mort brutalement à l'occasion d'une « audience plus particulière » avec une dénommée Mme Steinheil, une jeune femme de 30 ans. Bien sûr, on s'était empressé de faire disparaître cette beauté par une porte dérobée de l'Élysée et l'on avait parlé d'une apoplexie foudroyante. Malgré tout, la vérité et le scandale avaient fait leur chemin. La presse et les chansonniers avaient mis à jour les détails les plus scabreux de cette « belle mort » du président Félix Faure – rappelons qu'en latin felix signifie heureux... Tout d'abord, à l'Élysée, les gens du secret avaient dû attendre plus d'une heure avant de pouvoir rajuster la toilette du défunt, tant son érection tardait à retomber. Ensuite, on avait trouvé entre ses doigts crispés quelques cheveux de femme. Il n'était pas nécessaire d'avoir une grande imagination pour reconstituer la scène et, dès lors, « l'esprit français » fit le reste. On surnomma Mme Steinheil la Pompe funèbre. On dit de Félix Faure qu'il voulut « vivre en César mais qu'il mourut Pompée ». La fellation s'imposait de manière tragi-comique à une France qui pouvait déjà s'enorgueillir pour ladite pratique de l'expression « travailler à la française »...

1. une affaire de couple (pour Monsieur)

Pour ce guide, nous avons pris pour parti de nous adresser à un couple hétérosexuel, mais il s'adresse bien sûr d'autant mieux aux homosexuels qu'il n'existe pas chez eux les mêmes répugnances. En vérité, on peut dire que chez eux la fellation est une passion qui supplante même la sodomie. Tout à la fois « consommateurs » et « officiants », ils sont mieux à même de l'apprécier. Pour le reste, les techniques fellatoires ne varient pas selon qu'il s'agit d'un rapport homosexuel ou hétérosexuel. Les seules différences sont de trois ordres : un, connaissant ses sensations mentales et péniennes, les hommes sont mieux placés pour la pratiquer avec toute la subtilité et la « perversité » souhai-

tées ; deux, l'éjaculation et le sperme échappent aux tabous et à l'idée d'une éventuelle saleté ; trois, en pratiquant le « 69 », ils peuvent rivaliser d'adresse en direct... Enfin, peut-on ajouter hors homosexualité, pour certains hommes encore – les plus souples –, existe l'autofellation, pratique rare car limitée par les capacités de contorsion du monsieur... ou la longueur de son pénis.
Alors, ce couple, comment peut-il surmonter ses difficultés ou aller plus loin encore dans le plaisir ? À cette question, une réponse préalable : faire tomber les masques. Tous, en vérité, nous montrons différents visages au gré des circonstances : un premier visage pour les quidams et les relations professionnelles, un second pour le cercle des amis et des intimes, un troisième pour la personne qui partage notre vie, un quatrième – sans masque, sans fards – qui est notre vrai visage. Celui-la est le plus authentique et le plus douloureux, parfois même le plus difficile à accepter. Il est riche de toute notre folie intime, de tout notre pouvoir d'imagination, mais aussi il est lourd de toutes nos insatisfactions, de tous nos complexes, de toute notre incapacité à communiquer.
Le plein épanouissement érotique se réalise en fait lorsque l'on parvient à faire coïncider ce quatrième visage avec le troisième, autrement dit lorsque l'on sait dévoiler ses pulsions secrètes à l'être aimé et désiré. Et pour cela, il n'existe qu'une solution : parler – exprimer clairement les choses... et donc oser aborder la question. Le choix des mots est important. Ils ne doivent pas braquer « l'autre ». Les circonstances, aussi, sont essentielles. Mieux vaut savoir attendre un instant propice que de précipiter les choses au risque de se heurter à un refus qui demandera des mois avant d'autoriser une nouvelle tentative.

Il est important qu'un monsieur « demandeur » ne se montre ni trop direct, ni trop impatient, ni trop en colère. Ne dites pas d'entrée trop ouvertement à Madame combien vous souffrez de frustration, ni trop précisément ce que vous attendez d'elle. Votre demande exige du temps. Votre partenaire doit s'habituer à cette idée, prendre elle-même conscience de vos manques et, peu à peu, accepter d'entrer dans une manière de libertinage et de jeu librement consenti. On appelle cela la complicité... En aucun cas, ne vous hasardez à lui dire crûment, pire ! sur le ton du reproche : « Tu sais, j'aimerais que tu me suces ! » ou bien « J'aimerais que tu me suces plus souvent... plus longtemps... mieux que ça... » Dites-lui qu'elle a une jolie bouche, que ses lèvres sensuelles éveillent vos désirs et que vous aimeriez les voir se poser sur votre sexe pour s'amuser à l'effleurer. Dites-lui avec un sourire – pas trop mielleux – que vous aimeriez vous livrer d'avantage à des jeux avec elle, et, au besoin, « accordez-lui » de le faire dans la sage obscurité de votre chambre. Tout est question de ton, de mots et de subtilité complice.

Choisir son heure...

Choisissez bien votre heure pour aborder la question. Évitez le soir après une journée de travail difficile, où Madame aspire à avoir du temps à elle. Évitez vos propres moments de crise, où la frustration ne vous laissera maître ni de votre ton ni de vos mots. Le week-end est plus propice aux fantaisies, ou, mieux encore, les vacances, lorsque les nerfs sont retombés. Et puis, il y a les circonstances exceptionnelles, lorsque les choses se passent particulièrement bien. Tous, nous avons nos jours de « faiblesse » et de plus grande ouverture au monde qui nous entoure... À vous de deviner que votre partenaire est alors suffisamment disponible et troublée pour entendre d'une bonne oreille quelques mots chuchotés dans un moment d'intimité particulièrement agréable.

À côté de cela, bien sûr, vous pouvez également chercher à provoquer l'opportunité nécessaire. Si vous n'avez ni enfants ni tierces personnes à la maison, vous pouvez laisser traîner ce guide et voir si sa découverte suscite une réaction. Si votre compagne n'est pas résolument hostile à la fellation, vous pouvez même le lui montrer, lui confier ce que vous en pensez et lui proposer de le lire. Au-delà des conseils pratiques qui vont suivre, cette simple opportunité – cette occasion ainsi donnée d'aborder le sujet – suffirait déjà à le rendre utile à bien des couples et à justifier son existence.

Une autre façon de créer l'événement peut consister à glisser sous l'œil de votre partenaire toute autre forme de « matériel érotique » ; par exemple, une bande dessinée ou un film. Mais là encore, attention ! Quoique d'aucuns croient observer aujourd'hui une évolution en ce domaine, on peut dire que la gent féminine est peu réceptive à ce genre de matériel, voire refroidie par lui. C'est donc une pratique qui peut se retourner contre vous. La bande dessinée, expression artistique de pure fiction, présente en ce domaine un moindre risque que le cinéma. Lui, est à manier avec prudence, car, s'il conte une fiction, il montre néanmoins des scènes réellement vécues par les femmes lors du tournage. Le cinéma « érotique » tel qu'il existait dans les années 70 (*Emmanuelle*, *Histoire d'O*, etc.) ne pose pas de problème, mais il montre bien peu de choses... Le cinéma « normal » actuel se montre parfois d'une force et d'une véracité plus poussées. Citons *Harcèlement*, les films de Catherine Breillat mettant en scène Rocco Siffredi ou dernièrement le film de Vincent Gallo, *Brown Bunny*, qui, selon un critique, surprit le public du Festival de Cannes 2003 avec « une scène de fellation d'un réalisme tel que la salle s'en trouva soudain tétanisée, bloquée dans une bulle de silence ».

X exemples à ne pas suivre

Le cinéma pornographique propose quant à lui deux grandes catégories de films : les œuvres d'auteurs privilégiant une certaine qualité esthétique et les œuvres du type « fuite en avant » qui appellent toujours plus de partenaires mâles et plus de sperme. Assurément, le nombre d'éjaculations réalisées à la suite sur le visage d'une même dame fera fuir la vôtre... L'émotion ressentie sera plutôt un choc aussitôt transformé en authentique répulsion.
Heureusement pour notre couple, il existe des films « X » moins hard où l'élégance du geste et la démonstration de savoir-faire des dames sauront « sagement » le tenir uni devant son écran de télévision. Sans entrer dans le détail, nous pouvons citer les premiers films de Gérard Damiano, les films plus récents de Michaël Ninn ou bien encore, pour la France, les films produits par Marc Dorcel. En outre, certaines comédiennes du « X » font figure de véritables artistes de la fellation, sinon de pédagogues...
Bref, la méthode pour accéder à la fellation ou y atteindre un niveau de plaisir encore plus élevé doit se montrer aussi subtile que la fellation elle-même. Répétons-le, celle-ci relève totalement de la complicité la plus secrète – c'est à dire de la pure connivence.

2. connivences (pour Madame)

Pourquoi diantre, Monsieur tient-il à ce point à accéder au meilleur de la fellation ? Et vous, Madame, pour quelles intimes motivations personnelles devriez-vous accepter cette connivence ? Existe-t-il un équilibre des intérêts dans cette connivence ?
En vérité, la fellation constitue pour l'homme l'obsession la plus répandue en termes de pratiques amoureuses. À cela, il existe avant tout au moins trois explications « physiques ». La première tient au très haut degré d'excitation du sexe masculin que l'on peut atteindre avec un minimum d'inspiration érotique. La verge, à travers la couronne du gland et le frein, est un extraordinaire instrument de plaisir dont on joue le mieux avec la bouche et les mains. Succion, léchage, pincement, frottement, caresse, branle... toutes les

modulations sensuelles sont possibles. Avec de telles variations appliquées tantôt crescendo, tantôt avec lenteur, on peut conduire un homme à un état de tension sexuelle inégalée. La seconde explication tient à la nature de l'éjaculation, qui n'est pas perçue de la même manière que lors d'un coït, voire d'une masturbation. Dans le cas d'une fellation « complète » bien pratiquée, l'impression n'est pas celle d'une simple émission de sperme – par écoulement ou débordement – mais bien celle d'un pompage. L'homme soumis à la tension décrite ci-dessus a le sentiment que sa partenaire aspire son sperme au plus profond de ses bourses. Enfin, troisième explication, une éjaculation de cette nature venant après une telle tension apporte à l'homme une détente sans égale. Il lui faut bien plus de temps qu'après un coït pour s'en remettre.

Mais cette obsession, bien sûr, anticipe sur ces sensations physiques. Le désir de l'homme se fonde tant sur l'infinité de jeux offerte par la fellation que sur le voyeurisme et les rapports qui s'installent à ce moment-là entre « l'officiante » et lui. Cette pratique, en effet, est assurément la plus ludique de toutes celles offertes à un couple ; du moins, d'un point de vue masculin… Elle autorise les excès les plus extrêmes – du plus savamment furtif au plus artistement long –, elle s'accommode de toutes les circonstances, depuis le secret d'une chambre à coucher conjugale jusqu'aux endroits les plus « décalés ». La fellation peut se pratiquer partout : chez soi, au bureau, dans l'ascenseur ou au parking, dans sa voiture, dans la nature, dans l'eau ou sous l'eau… La fellation « toute simple », sans effets de miroirs ni de vidéo, est propice au voyeurisme de Monsieur, surtout si sa compagne se prête ostensiblement au jeu. Il peut voir son sexe en gros plan et se laisser aller à un certain nombrilisme... Il peut voir aussi le visage de Madame et la façon dont celui-ci s'accouple avec ce sexe mâle dont il peut même imaginer qu'il n'est pas le sien. Des contrastes de cette image où se juxtaposent la crudité d'une verge et un visage plus ou moins maquillé naît l'obscénité. Le regard de Madame, aussi, ajoute au trouble de l'homme. Ce regard, pour lui – pour ces « nœuds au cerveau » qu'il se fait –, dit tout des rapports ludiques et parfois compensateurs qui se jouent au sein du couple : elle le domine et pompe sa sève, elle est docile et honore son sexe, elle est bourgeoise et s'encanaille, elle est putain et montre son savoir-faire. Le merveilleux pour l'homme, c'est que tout cela compose un fantastique cinéma, qu'il est à la fois acteur et spectateur, et que, si sa compagne « joue le jeu », il a le sentiment de lui offrir, lui aussi, un plaisir rare... Et en vieillissant, il a de plus en plus besoin de se faire son cinéma, surtout s'il demeure fidèle à une seule femme. Le problème de l'homme, c'est qu'il bande ou débande en quelques secondes. Son premier organe sexuel, c'est son cerveau.

Des « bienfaits » pour Madame ?

Et Madame ? Quels bienfaits peut-elle espérer de la fellation ? Et ceux-ci sont-ils à la hauteur de ceux de son partenaire ? Soyons honnêtes : assurément non... même si un certain nombre de femmes prennent un franc plaisir à sa pratique. Sur ce plan, les petites annonces des magazines échangistes ne sauraient tromper. Il n'est pas rare d'y trouver des dames, le plus souvent accompagnées, qui proposent leur savoir-faire buccal à un ou plusieurs inconnus, en des rencontres furtives pouvant s'achever par de véritables déluges de sperme reçus sur leur visage ou dans leur bouche. Bien sûr, ces débordements féminins demeurent exceptionnels et il faudrait savoir dans quelles proportions ceux-ci sont sincères ou seulement consentis pour satisfaire à l'excitation d'un amant voyeur.

La vérité, c'est qu'en règle générale le plaisir de Madame n'égalera jamais en ce domaine celui de Monsieur. Sauf pratique du « 69 » et donc de l'échange de bons procédés... son plaisir physique se bornera plutôt à l'univers subtil mais forcément limité de la sensualité : le goût, l'odeur, la douceur d'une peau apprêtée pour cette caresse, le velouté d'un gland, la pigmentation délicate de sa couronne, la sensibilité du frein, la rondeur de la hampe et des testicules sous la bouche, la sinuosité des veines sous la langue, la mollesse des bourses entre les lèvres, la ferme plasticité des chairs, un gonflement, des soubresauts, la vue d'un jaillissement, la chaleur et la saveur éventuelle du sperme... Heureusement, si la fellation est bien vécue « en couple », le plaisir de Madame ne se limitera pas à ces seules sensations épidermiques. Tout comme son compagnon, elle saura trouver son compte dans une certaine cérébralité des rapports et des situations. Sans nous hasarder à affirmer que la fellation puisse être érigée au rang des beaux-arts – quoique... –, nous imaginons tout de même volontiers que cette caresse peut être vécue par Madame comme un authentique art érotique, voire la marque d'un pouvoir « non dit ». Peu à peu en effet, en observant les réactions de son partenaire,

Madame prendra conscience de l'immense pouvoir qu'elle détient sur lui à travers cette pratique – un pouvoir qui du reste se maintiendra plus tard en filigrane, dans l'attente d'une nouvelle fellation... Mieux encore, en mesurant son savoir-faire croissant puis la qualité quasiment artistique de sa « prestation », elle saura trouver une satisfaction intime pouvant atteindre les mêmes sommets que chez son complice. De fait, la fellation est infiniment mieux qu'un simple savoir-faire mécanique où l'on se contente de « pomper » et de « branler » jusqu'à une éjaculation que l'on souhaite la plus hâtive possible. Elle est la reine des caresses, car elle touche au sensible, à l'intime, au fantasme. Une fois libérée du tabou moral et du dégoût qui ne se comprend entre amoureux qu'en cas d'hygiène douteuse, toute femme est capable de devenir une Cléopâtre moderne. Selon le cinéma qu'il se fait, Monsieur peut se plaire à se sentir dominant ou dominé, pourtant, dans tous les cas – sauf « irrumation » –, c'est bien Madame le véritable maître du jeu. Mieux elle domine sa technique, sa fantaisie et sa capacité à théâtraliser leur rapport, mieux elle domine son partenaire.

Peut-on quitter « la reine des suceuses » ?

Au bout du compte, on pourrait même oser cette question : dans quelle mesure un homme parvient-il à quitter une femme qui « le suce comme une reine » ? La question est d'une crudité qui la rend presque provocante, pourtant certains copains, entre eux, ne manquent pas de se la poser. De même, si l'on considère les idées véhiculées par la gent féminine, on peut se demander si c'est effectivement par la casserole que l'on retient le mieux un mari. D'autres, enfin, s'interrogeraient sur le choix qu'effectuerait un homme empêtré dans ses sentiments entre une jolie femme ne pratiquant pas ou pratiquant mal la fellation et une femme moins jolie y montrant de vrais dons... Ces questions rappellent à la mémoire un dessin de Wolinski publié en 1992 dans le magazine *Lui*. Deux copains attablés et le visage trop ostensiblement réjoui écoutent les confidences d'un troisième : « Ma femme conduit très mal !... Elle cuisine très mal !... Elle baise très mal !... » Et, finalement, tandis que celle-ci sort de dessous la table, il ajoute, levant son verre : « Heureusement, elle suce très bien !... » Si plein d'humour soit-il, ce raccourci machiste nous en dit long... Bien sûr, on ne saurait plaisanter davantage sans être suspecté d'inciter lourdement ces dames à pratiquer cette caresse jusqu'à l'excellence... Que chacun ou chacune forge donc librement son opinion en pesant, d'un côté, sa timidité, ses tabous, ses dégoûts, et, de l'autre, ses envies cachées et les manques éventuels du couple. Au-delà des pulsions les plus intimes, l'amour, finalement, peut beaucoup en ce domaine pour peu que l'on parvienne à y briser la loi du non-dit.

L'Histoire raisonnée de la fellation de Thierry Leguay (Le Cercle, 1999) est à ce titre intéressante par sa préface signée Françoise Rey, auteur à succès de *La Femme de papier* (Ramsay, 1989). Dans cet avant-propos, Françoise Rey, auteur érotique dont la plume nous prouve joliment combien elle est auteur « à part entière », nous confie son peu de goût pour la fellation, qu'elle a longtemps tenue pour une commodité propre à la débarrasser plus vite de compagnons trop empressés. Pourtant, ajoute-t-elle, aujourd'hui, pour les moments privilégiés de l'amour avec l'homme qu'elle aime, « lorsqu'il m'offre le merveilleux triple joyau de son sexe lourd, (...) je me rue et je l'engloutis, toutes faims confondues ». Extraordinaire description de cet élan d'amour et de ce brasier qu'elle dit avoir en elle ! Extraordinaire message d'espoir, aussi, pour celles et ceux que la complicité n'a pas encore affranchi de leurs tabous et libérés de leurs manques !

3. connaître son instrument

Apprendre à connaître « son instrument » demeure un préalable incontournable, pour vous, Madame, comme pour vous, Monsieur. Le sexe masculin, en effet, peut être comparé à un instrument dont on joue avec la bouche et les mains, mais aussi avec la peau de son corps ou de son visage, avec une plume ou de la fourrure, voire avec des liquides, des tissus ou même des objets parfois bizarres... Par ailleurs, c'est un organe fragile, car exposé hors de l'abdomen. Cet organe, enfin, fonctionne en étroite connexion avec le cerveau, premier organe sexuel masculin... et possède diverses parties plus ou moins sensibles pouvant engendrer le plaisir ou la douleur.
Le sexe de l'homme se compose de deux grands

ensembles : le pénis, également appelé la verge, et les bourses. Le pénis a la forme d'un « tube » plus ou moins long : de 7 à 10 centimètres au repos (en état de « flaccidité ») et de 15 à 18 centimètres en érection. Bien sûr, il y a aussi des pénis hors normes, mais leur taille n'a aucune importance en terme de virilité, de plaisir et de reproduction. Les médecins ont du reste observé qu'en état d'érection nombre de petits pénis « rattrapent » ceux qui étaient déjà longs au repos. Les premiers peuvent augmenter leur taille de 150% et les seconds, parfois, de seulement 25%. Cette taille, toutefois, peut poser des problèmes à certaines femmes se sachant étroites et qui s'en effraient avant de s'abandonner à un coït. Le vagin, pourtant, a la réputation de s'adapter à n'importe quelle verge. La fellation, elle, ne soulève pas les mêmes obstacles. Sa pratique reste tout à fait possible et sans douleur même si « l'instrument » se révèle trop gros pour pénétrer la bouche de la dame. C'est plutôt l'épaisseur que la longueur qui pose d'éventuels problèmes, mais il existe assez de modulations plaisantes pour dépasser cet inconvénient. Cela dit, lorsque la pénétration est tout juste possible, il incombe bien sûr à Monsieur de ne rien tenter d'imposer à sa partenaire. Ce tact est encore plus indispensable pour une fellation « complète » où une éjaculation intra-buccale ne manquerait pas d'étouffer celle-ci ou de lui causer un haut-le-cœur et une répulsion définitive. Au-delà de ces limites, la libre manipulation d'une verge de belle taille peut présenter un charme non négligeable pour une dame qui trouvera là, sous ses doigts, sous ses lèvres, un authentique « barreau de chair » ferme et soyeux, et l'impression d'une puissance hors du commun – la sienne, lorsqu'elle sait manœuvrer habile-

ment ce levier naturel qui peut dompter les plus machos.
Enfin, notons que la taille de la verge mais aussi l'âge de l'individu influent sur sa rigidité, son orientation en érection tendant normalement à viser le nombril en dessinant un angle d'environ 45° avec le ventre. À l'inverse, sauf éjaculation préalable, la verge de taille normale d'un homme jeune sera difficile à orienter pour favoriser des postures peu courantes : par exemple, lorsque Monsieur s'agenouille « en levrette » et que Madame veut ramener son sexe en arrière, vers ses fesses, afin de le sucer. Rappelons ce mot du tragédien Jean Mounet-Sully, grand séducteur et amant de Sarah Bernhardt : « Jusqu'à soixante ans je crus que c'était un os. »
Pour schématiser, nous avons retenu jusqu'ici deux grands ensembles – le pénis et les bourses –, mais, pour progresser dans notre présentation, mieux vaut désormais raisonner en termes de zones érogènes. Nous traiterons donc le pénis en deux parties, la hampe et le gland, puis les bourses.

La hampe

La hampe constitue le corps principal du pénis et a vocation à porter le gland à l'intérieur du sexe féminin pour y provoquer la fécondation. En ce sens, elle n'est qu'un intermédiaire entre les testicules, qui fabriquent le sperme, et le gland, dont l'extrême sensibilité permet de l'éjaculer. Comme le gland, elle est composée d'un tissu érectile qui se gonfle lorsque le cerveau commande la dilatation des artères qui l'irriguent. Ce tissu se trouve réparti en trois colonnes courant sur toute sa longueur : une de chaque côté du canal central appelé « l'urètre », une troisième en dessous de ce canal. Les deux premières se nomment les corps caverneux, la dernière le corps spongieux. Certaines hampes sont courtes et épaisses, d'autres longues et fines... mais aussi, parfois, longues et épaisses ! L'épaisseur, plus que la longueur, est cause de sensations pour la femme lors de la pénétration. Quoique moins sensible que le gland, la hampe, bien sûr, n'en est pas moins réceptive aux caresses. Elle est un instrument de plaisir subtil dont on peut jouer longuement, par exemple pour alterner temps de pause et effets crescendo, sans risquer un orgasme inopiné. Impossible en effet, sans la complicité d'un gland discrètement sollicité, de provoquer avec elle seule une éjaculation.

Le gland et le frein

Le gland et le frein sont par excellence les zones érogènes dont l'excitation assure l'éjaculation. Le gland, calotte de chair pourpre plantée en tête de la hampe, et le frein, délicate languette de tissu unissant le corps spongieux au repli ventral de ce « chapeau », sont de très loin les parties les plus sensibles du sexe masculin. La couronne du gland, pigmentée de terminaisons nerveuses, et la fine peau du frein constituent les secteurs à privilégier pour obtenir une excitation efficace, néanmoins leur fragilité appelle une certaine prudence de la part d'une partenaire inexpérimentée, passionnée ou pressée d'aboutir. Le gland connaît lui aussi des formes variables d'un individu à l'autre. Une fois en érection, il prend tantôt la forme d'une pointe charnue d'un diamètre sensiblement supérieur à celui de la hampe, tantôt l'aspect d'un gros fruit mûr gorgé de

sucs – fraise ou prune, selon l'imagination de chacune – ou d'un large chapeau de champignon dont le bord dépasse nettement le « pied » qui le porte.
À la pointe du gland se trouve le méat, boutonnière verticale qui est le débouché naturel de l'urètre et donc l'orifice par lequel s'échappent les premières « perles » de sécrétions séminales – signe d'un orgasme qui monte – puis le flot de sperme libéré par l'éjaculation. C'est cette forme en amande, évoquant un œil, qui vaut au pénis certains de ses surnoms les plus imagés, tels le borgne ou le cyclope. Bien sûr, le méat ne concourt pas dans la même catégorie de zones érogènes que la couronne du gland et le frein, néanmoins il serait dommage, pour une fellatrice, de le négliger. Pourvu qu'elle se veuille prudente, sa titillation avec la pointe de la langue ou du doigt, voire de l'ongle, ne manque pas de charme pour un homme. Outre l'agrément épidermique qu'elle procure, elle s'avère en effet troublante lorsqu'elle est réalisée avec une provocante ostentation, soulignée d'un regard insolent, et encore bien davantage lorsqu'elle orchestre ses modulations autour des premières perles de liqueur séminale.
Enfin, nous ne saurions décrire le gland et le frein sans évoquer le prépuce, repli de peau plus ou moins long et lâche qui les recouvre et les protège à la naissance, et que l'on conserve ou circoncit selon le contexte médical ou la religion – ces préoccupations religieuses se trouvant du reste souvent empreintes d'un souci d'hygiène. La circoncision, en effet, a la réputation d'être une réponse hygiénique au danger de voir diverses sécrétions nauséabondes, appelées « smegma », s'accumuler à l'abri du prépuce, sous la couronne d'un gland mal entretenu. Bien sûr, si le

monsieur est propre, la présence du prépuce ne soulève aucun problème. Au contraire, lorsque l'érection n'est pas encore trop forte, certaines femmes trouveront même un malin plaisir à « recalotter » le gland en remontant le cercle de leurs doigts juste sous sa couronne et à faire glisser leur langue entre celui-ci et la peau qui le recouvre à la manière des pétales d'une tulipe. Trouble garanti...
On prête également à la circoncision de grandes vertus en termes d'excitation et de plaisir. Qu'en est-il, au juste ? Difficile de juger, sauf à s'en remettre aux témoignages d'hommes circoncis sur le tard pour des raisons religieuses. On peut penser en effet que ceux qui l'ont été pour des motifs médicaux (prépuce trop serré, par exemple) ne jouissaient pas au préalable d'une sexualité satisfaisante. Ces témoignages, en fait, ne paraissent pas non plus probants. Tout au plus peut-on admettre que la circoncision a tendance à retarder l'éjaculation et ainsi à laisser aux femmes – plus longues à « démarrer » – le temps d'atteindre l'orgasme. Au bout du compte, ces débats d'école présentent peu d'importance. En outre, les hommes sont inégaux « face à leur prépuce ». Celui-ci, en effet, est plus ou moins long selon l'individu et recouvre donc plus ou moins le gland. Surtout, il tend à recouvrir de moins en moins ledit gland avec l'âge. À soixante ans, un gland sur trois est complètement découvert et l'on peut alors parler de pseudo-circoncision.

Les bourses

Les bourses, dans notre esprit, constituent l'ensemble du « paquet » en forme d'aumônière suspendu sous le

pénis, à la fourche des cuisses. Si l'on veut être précis, il faut en fait distinguer les bourses proprement dites – ou scrotum – qui sont une manière de poche de peau et de muscle, et les glandes qu'elles contiennent : les testicules.
Le scrotum est le contenant, plus ou moins ferme selon l'individu, l'âge et les circonstances. En fonction de la température et des émotions ressenties, il a la particularité de se contracter ou de se relâcher pour former un « sac » plus ou moins serré. Les testicules, eux, les couilles, en sont le contenu. Ces glandes génitales sécrètent l'hormone mâle et produisent les spermatozoïdes, qu'elles stockent à l'intérieur d'un corps serpentin lové à leur surface et souvent ignoré tant des femmes que des hommes eux-mêmes : l'épididyme. Pour les néophytes, une reconnaissance prudente – du bout des doigts – de cet organe n'est ni inutile ni désagréable... Bien sûr, c'est lorsque Monsieur n'a pas éjaculé depuis un certain temps que l'on en découvre le mieux les circonvolutions.
Scrotum et testicules sont des zones érogènes non négligeables. Ainsi Monsieur apprécie de se faire peloter le « paquet », de se faire sucer, lécher et gober chaque testicule, voire les deux si la bouche de la dame le permet – on appelle cela « faire boule de gomme ». L'effet peut être tout aussi troublant pour sa compagne lorsque ledit paquet paraît spécialement lourd et promet une « décharge » des plus copieuses. L'impression visuelle, d'essence toute cérébrale, se trouve alors d'autant plus amplifiée que Madame hasarde sa main pour soupeser ces bourses comme une arme dont on jauge le danger.

Sperme et éjaculation

On ne saurait présenter l'anatomie et les manipulations possibles du sexe masculin sans dire un mot du sperme et de son éjaculation, qui sont tous deux sources d'appréhension pour bien des femmes. En fait, le sperme stocké dans l'épididyme parcourt un long trajet avant d'être éjaculé. Revenant à l'intérieur de l'abdomen puis cheminant dans le pénis via les canaux déférents et l'urètre, il s'enrichit en cours de route des secrétions de trois types de glandes vouées à l'activation de ses spermatozoïdes – les vésicules séminales, la prostate, les glandes de Cowper. L'éjaculation projette en moyenne quatre grammes de sperme ainsi « activé » en six ou sept jets d'une force variable. Ces chiffres, bien sûr, sont purement indicatifs. Cette « cuillère à café » de quelques centaines de millions de spermatozoïdes peut déborder quelque peu selon les circonstances. Le cinéma « X » connaît de beaux et longs exemples de ces cataractes séminales dont on ne compte plus ni les jets ni les cuillerées. Dans ces films, on voit en outre combien les éjaculations et la viscosité du sperme sont très variables. Tantôt cette semence s'écoule lourdement, en une manière de lait épais, sirupeux, tantôt elle jaillit loin et fort, fluide et translucide... Autrement dit, la dame qui achève une fellation complète en « branlant » son partenaire risque tout aussi bien de voir ce sperme se répandre sur ses doigts ou sauter à son visage. Bien sûr, l'âge de son partenaire et la fréquence de ses éjaculations ne sont pas étrangers au phénomène. L'important est que la fellatrice sache sentir venir « le coup » et s'en préserver. En cas d'éjaculation intra-

buccale, une novice risque en effet une très nauséeuse surprise.
Reste le goût du sperme : ce liquide dont l'odeur, la saveur salée, la plus ou moins grande viscosité rebutent tant de femmes, mais aussi tant d'hommes ! Nombres de mâles, en effet, chipotent au moment d'embrasser la bouche de leur compagne, pourtant humide de leur propre semence. Et sans doute ceux-ci manquent-ils là l'occasion d'une sorte de pacte scellé autour de la chute d'une répugnance. Au reste, celles-ci ne redoutent sans doute pas davantage de consommer cette semence, toute de protéines et de graisses, qui, à raison de 36 calories pour une « dose » moyenne, ne constitue guère une menace pour leur ligne...

Hygiène et sida

« Une menace »... On ne saurait en effet évoquer les relations sexuelles, y compris la fellation, sans traiter de l'hygiène et de la maladie, notamment le sida (syndrome immunodéficitaire acquis). Toute relation de ce type exige une hygiène parfaite des deux partenaires, et toute dame subodorant un manque éventuel en ce domaine chez Monsieur, peut et doit lui refuser les délices de sa bouche. Cette propreté s'applique à l'ensemble du corps, avec une attention particulière pour les zones génitale, périnéale et anale. L'abus de fellation était réputé engendrer des voix rauques chez les spécialistes de l'Antiquité et du XIXe siècle. Ces avatars font aujourd'hui figure de bien modestes inconvénients au regard de certaines maladies où les médecins accusent une insuffisance d'hygiène : gonocoques

observés lors de pharyngites, chancres syphilitiques des amygdales, inflammations suite à infection par protozoaires microscopiques...
Mais, bien sûr, avec la menace du sida, il y a plus grave encore, surtout en présence de gingivites ou de discrètes blessures aux muqueuses. Un tiers des hommes fréquentant les prostituées le font pour recevoir une fellation, et nombre d'entre eux insistent pour que celle-ci soit pratiquée sans préservatif. Le bon sens exige que Monsieur porte un préservatif lorsqu'il a un rapport avec une personne qui n'est pas son partenaire habituel – partenaire présumé sûr... Et, bien entendu, ce bon sens s'impose pareillement à Madame !

Beauté,
désir, féminité...

L'hygiène doit évidemment être réciproque. Mieux ! L'amour est une fête et chacun doit s'imposer un minimum de soins pour faire honneur et envie à son partenaire. Madame peut ainsi farder sa bouche et son visage, coiffer ses cheveux.
Certes les hommes ne sont pas tous bâtis comme les dieux du stade des calendriers, certes ils ne sont pas non plus tous « montés » comme certains modèles de Robert Mapplethorpe, néanmoins ils peuvent apprendre à faire avec ce qu'ils ont... Et sauf à se complaire dans des attitudes peu avantageuses et des tenues suspectes, ce qu'ils ont de virilité doit suffire à réveiller quelques hormones chez une personne qui les aime.
Madame ne doit pas non plus perdre de vue la part de féminité de son partenaire. Avoir étudié ce « mer-

veilleux instrument », c'est bien, mais elle ne doit pas imaginer que la sensualité de l'homme se limite à son essence phallique. Son désir et son plaisir passent également par d'autres zones érogènes, jugées plus féminines et qu'il est pourtant habile pour une dame de savoir stimuler durant la fellation. Citons le ventre et le nombril, l'intérieur des cuisses, les mamelons, et puis cette ligne sensible qui va de la base du pénis au rectum, en passant par le périnée (région intermédiaire), et où certains auteurs situent chez l'homme une zone génitale « passive » dont les sensations ne sont pas nécessairement homosexuelles. La « visite » de cette zone, son massage, les jeux qui peuvent s'y hasarder avec la langue, voire le doigt que l'on peut y aventurer au plus intime... sont autant de plus qui dépendent du degré de complicité existant entre les deux partenaires. Ce niveau, lui aussi, implique du reste une réelle réciprocité dans l'échange des caresses et la mise en œuvre des fantasmes de chacun.

4. postures : entre confort et fantaisie

La première des fantaisies en matière de fellation, c'est la variété des postures, celles-ci pouvant se trouver multipliées à loisir au cours d'un même rapport. La fellation peut se pratiquer partout et, selon les circonstances, le mobilier, la disposition des lieux, le fait que la dame est gauchère ou droitière, elle impose ainsi aux deux partenaires un maintien plus ou moins confortable. La posture est souvent un compromis entre le confort et le fantasme. Elle dépend aussi du caractère furtif ou prolongé du rapport. Elle découle, enfin, de sa nature : amuse-gueule ou fellation complète avec, dans ce cas, le souci d'une éjaculation « maîtrisable »... S'agissant d'une longue fellation, Madame privilégiera une posture commode où ses mouvements seront faciles, sans risque d'ankylose. Pour un rapport furtif, on préfèrera au contraire l'obscénité et le décalage de la situation, sans toutefois perdre de vue qu'en cas de fellation complète Madame aura à gérer l'éjaculation soit en ingérant le sperme, soit en dirigeant ses jets. La présence d'une glace, d'une caméra, voire de voyeurs, influeront également sur la posture. Tantôt ce peut être Monsieur qui désire voir ce qu'on lui fait ou bien admirer la croupe de sa partenaire dans un miroir, tantôt ce peut être Madame qui a envie de se regarder en train d'officier dans ledit miroir ; ceci avec toujours ces subtils jeux cérébraux de rapports dominant – dominé, client – officiant, « personnages » prétendument connus ou inconnus l'un pour l'autre... Bref, les postures ne manquent pas pour la fellation. Reste maintenant à restituer cette richesse en la présentant de manière simple. Nous avons choisi de classer ces postures selon leur degré de domination ou de passivité masculine, d'exhibitionnisme ou de fantaisie.

« Hommage » à l'homme debout...

La posture où l'homme se tient debout face à une dame agenouillée et, selon l'expression populaire, « se fait tailler une pipe » est par excellence l'image traditionnelle de la fellation. Elle est sans conteste celle qui flatte le plus son ego machiste en mettant une femme à ses pieds et en l'amenant à « rendre hommage » à leur virilité. Monsieur prend des allures de Satrape et

Madame sera la Vestale soumise du dieu phallus...
Au-delà de ces considérations psychologiques, la posture de l'homme debout doit également son classicisme au peu de moyens qu'elle exige. Elle se prête tout aussi bien au rapport furtif qu'au rapport artistement prolongé. Ses seuls inconvénients sont le manque de confort et la nécessité d'éjaculer « proprement ». Toute la difficulté consiste à savoir garder la position : demeurer debout sans bouger, pour Monsieur ; supporter la dureté du sol, pour Madame. Bien sûr, si le rapport est appelé à durer, chacun pourra tenter de rechercher quelque confort. L'homme s'appuiera contre un meuble, un mur ou un arbre... la dame glissera un vêtement, un coussin, sous ses genoux, ou bien s'assiéra sur un pouf ou au bord du lit. Si traditionnelle soit-elle, cette posture autorise tout de même un certain nombre de variations propices au fantasme. Ainsi notre homo erectus peut se trouver juché sur un siège ou un escabeau... se faire sucer au travers des barreaux d'une échelle, ou bien encore à travers la portière d'une voiture... sagement stationnée au garage.
Le seul véritable problème de cette posture, c'est le contrôle de l'éjaculation en cas de fellation complète et, surtout, lorsque le monsieur ne se maîtrise pas. Ce problème, bien sûr, n'existe pas lorsque le rapport a lieu chez soi, mais il peut devenir grave dès lors que l'on conserve ses vêtements ou que l'on se trouve au-dessus d'un sol salissant, notamment une moquette. Le sperme n'a pas la volatilité de l'eau et on aura bien du mal à faire promptement disparaître ses taches suspectes. En outre, des narines exercées auront tôt fait d'identifier son odeur dans un local peu ventilé. La solution idéale – pour Monsieur – consiste évidem-

ment à ce que Madame avale son sperme... Ainsi, sauf à le prendre en bouche puis le rejeter élégamment dans un mouchoir, toute autre formule demeure très aléatoire tant pour les habits et les cheveux de la dame que pour le pantalon du monsieur.

Tête-à-tête
ou regards d'entrecuisse

La seconde posture classique de la fellation est celle où la femme est installée entre les cuisses de l'homme et lui fait face. Dans cette situation, il peut se trouver allongé sur le lit ou le sol, assis sur un siège ou un rebord de lit ou de table... Selon les circonstances, Madame se trouve elle-même agenouillée, allongée ou assise. Cette disposition des corps et des visages est par excellence celle du tête-à-tête propice au voyeurisme. Les regards des partenaires se croisent à courte distance, Madame à toute facilité pour bien montrer son art et Monsieur pour s'en repaître en gros plan. Cette posture, en outre, s'avère commode pour la bouche et les mains de l'officiante, ainsi totalement libre de ses mouvements et qui, face à ces cuisses largement écartées, accède aisément aux bourses ainsi qu'à la « zone génitale passive » de son compagnon. Chez les hommes « trop » raides – ceux dont le gland vise obstinément le nombril –, elle peut également, pour mieux l'exhiber, tenir d'un doigt le pénis perpendiculaire au ventre. Assurément, cette posture est l'une des plus confortables et des plus satisfaisantes pour les voyeurs. Enfin, les risques de l'éjaculation y sont moins importants pour la dame, ses jets ayant naturellement tendance à revenir vers l'envoyeur.

« Tête-à-queue » ou un ventre pour oreiller

Dans cette dernière posture classique, l'homme est également allongé ou assis, mais, au lieu de se loger entre ses cuisses, la dame se place à côté de lui, de la façon la plus commode pour elle, selon qu'elle est gauchère ou droitière. Là encore, elle peut être elle-même allongée, assise ou agenouillée. Les différences entre cette posture et la précédente résident dans une moindre liberté de mouvements pour Madame et une moins bonne vision des choses pour Monsieur – la coiffure de sa compagne étant alors déterminante –, avec toutefois la possibilité pour cette dernière d'être caressée durant la fellation. En appui sur un bras, la femme ne dispose en effet dans cette situation que d'une seule main libre. De même, si sa bouche peut jouer aisément avec les bourses, elle ne peut atteindre la zone périnéale, secteur néanmoins accessible à ses doigts. Selon la rigidité du pénis, elle peut tirer plus ou moins commodément celui-ci vers le côté, contre son visage. En outre, afin de lui faciliter l'opération, son partenaire peut s'incliner sur le flanc, un genou. Dans ces deux cas, Monsieur peut conserver une excellente vision de ce qui se passe ; de même lorsqu'elle glisse son visage sous sa verge, côté cuisses, et donc face à lui. Au contraire, il ne voit rien lorsque Madame interpose sa tête entre ses yeux et sa verge pour se fixer en une manière de « tête-à-queue » assez fréquent dans cette posture. Cette situation, toutefois, peut devenir un jeu, notamment lorsque la dame pose sa joue contre le ventre de l'homme et se met à « fumer » son gland comme on le ferait d'une pipe d'opium... Entre autres fantaisies, il lui est alors possible de placer sa main sous le paquet des bourses et de pousser rythmiquement l'ensemble du sexe vers ses lèvres. À défaut de mener le jeu aussi loin, les deux partenaires peuvent regarder ensemble leurs ébats ou un film pornographique sur un téléviseur voisin. Les problèmes de l'éjaculation, quant à eux, se posent dans les mêmes termes que pour la posture précédente.

Levrette
et traite du mâle

Avec cette posture, nous entrons dans la fantaisie, puisque, s'il est plutôt admis que la position à quatre pattes, ou levrette, soit normale pour une femme... il n'en va plus de même dès lors qu'on l'applique à un homme sexuellement passif. Pourtant, Monsieur a assurément encore beaucoup de plaisir à y gagner...
Ne nous attardons pas sur ce cas intermédiaire où il est à genoux, cuisses écartées, donc dans une position « faussement debout ». Détaillons plutôt cette posture où il se trouve réellement en levrette, les deux mains prises par son appui, fesses exposées. De plus, cette fantaisie se pratique ordinairement à domicile, ce qui résout les problèmes d'éjaculation mais surtout autorise toutes les hardiesses... Ah ! Le voici rendu bien docile, notre mâle triomphant, et sa position très animale, accentuée par son sexe gonflé comme un pis de vache, évoque une traite prochaine... ce qui, s'il dépasse ses inhibitions machistes, n'est pas un mince plaisir ! Quant à Madame, ainsi assurée d'une position aussi dominante, elle a toute facilité pour jouer avec le sexe mais aussi avec la zone génitale passive de son compagnon. Elle a aussi l'occasion de se laisser trou-

bler par la situation et la puissance dont elle se sent investie à travers ses sensations tactiles.
Concrètement, deux types de jeux érotiques s'offrent alors au couple, selon la raideur du pénis. Si celui-ci conserve une certaine souplesse, Madame peut le tirer en arrière pour le sucer et le branler « derrière les fesses » de son partenaire. L'impression se trouvera encore accentuée, mais, sauf à disposer d'une caméra ou de glaces, Monsieur ne verra rien de ce qu'on lui fait – ce qui peut également être un jeu en soi ! Si, au contraire, le pénis se montre d'une raideur incorruptible... la fellation, généralement accompagnée d'un branle très accentué, se déroulera « sous le ventre » de l'homme. Dans ce cas, la dame peut agir depuis un côté ou bien engager sa tête entre les cuisses de son compagnon. S'il a accepté d'adopter cette posture devant sa maîtresse, nul doute qu'il ne saura maîtriser bien longtemps le flot de fantasmes qu'il cache en lui. Ceci est d'autant plus vrai que dans cette posture le branle peut jouer un rôle important et que les dames se laissent souvent aller à terminer fermement ce jeu de cette façon, de manière à profiter du spectacle du sperme qui jaillit.

L'irrumation :
le mâle prend le dessus

Dans la posture précédente, Monsieur se montre conciliant, mais il n'en est pas toujours ainsi, soit que son caractère s'accommode mal de cette passivité, soit que le jeu visé par les deux amants appelle tout le contraire. Le « mâle », dans ce cas, reprend le dessus et la fellation devient « l'irrumation » (du latin : donner à sucer), où l'homme introduit lui-même sa verge dans

la bouche de la dame pour y pratiquer une manière de coït buccal. Dans son ouvrage *Oragénitalisme, techniques de l'amour oral* – publié comme il se doit en 1969, puis édité à Paris, aux éditions Truong, en 1970 – le sexologue Gershon Legman y voit une activité de « mâle normal et adulte », par opposition à la fellation où, dit-il, sa passivité ramène l'homme à la situation du petit enfant jouissant des plaisirs oraux que lui prodigue sa mère en l'allaitant. Nous nous garderons prudemment de tout commentaire... et, sans perdre de vue que l'irrumation peut être également l'instrument d'un viol oral, nous soulignerons que l'objet de notre guide est avant tout de faciliter des jeux entre adultes consentants et donc sans séquelles psychologiques.
Dans cette optique, nous situons donc l'irrumation dans le cadre de rapports dominant–dominée où chacun est censé trouver un plaisir trouble. Celui de Madame ne peut être que cérébral. Ce type de relation appelle une grande connivence entre partenaires, faute de quoi l'impression de viol pourrait être trop réelle, l'impression d'étouffement trop considérable.
Deux postures conviennent à cette situation. Dans le premier cas, Madame est assise sur un siège ou un bord de lit et Monsieur se tient debout devant elle. Elle peut également être calée au fond d'un fauteuil tandis que lui se penche en avant, en appui sur ses accoudoirs. Ces deux variantes sont les plus confortables pour la dame. Dans le second cas, Madame est allongée sur un lit ou une table, parfois sur le ventre, ou, le plus souvent, sur le dos, tête pendante. Monsieur, lui, se tient debout devant elle et « se sert » de sa bouche. Sauf si le pénis est lourd et souple, la position s'avère peu confortable pour la femme, ainsi obligée à rejeter

la tête en arrière. Sa nuque peut devenir douloureuse, le sang peut lui monter à la tête. Il est donc prudent de ne pas trop faire durer cette posture. Au besoin, Madame peut se glisser sur le flanc et, tout en offrant sa bouche, caler sa tête avec plus de facilité. L'un des avantages de ces postures couchées est que l'homme peut réserver l'une de ses mains pour caresser sa compagne. L'autre sera souvent occupée à diriger ou masturber sa verge, activité fréquente dans ce genre de rapport « égoïste ». Parfois même, tandis qu'il active son sexe d'une main, l'autre ira tenir la mâchoire et les joues de sa partenaire comme un objet dont il entend se servir. À l'inverse, si Monsieur est trop bien « monté » ou si ce jeu inspire à Madame la plus grande prudence, celle-ci aura intérêt à caler une main en butoir à la base du pénis, afin qu'il ne vienne pas heurter le fond de sa gorge et susciter un haut-le-cœur. S'il sait vivre... Monsieur peut offrir cette garantie de sa propre main. Dans le même souci, enfin, sauf pour un couple exercé, on veillera à éviter une éjaculation intra-buccale ; ceci d'autant plus que ces positions se prêtent bien à un arrosage de la gorge de la dame.

« 69 »,
ou l'échange de bons procédés

Nous avons vu tour à tour l'homme en levrette dans toute sa docilité puis dominant dans les postures de l'irrumation. Voici maintenant le « 69 » égalitaire : fellation pour lui, cunnilungus pour elle.
Le « 69 » – que les Anglo-saxons appellent « le nombre heureux » (*lucky number*) – recouvre en fait trois postures courantes : la femme en levrette avec

l'homme en dessous, et l'inverse, la femme et l'homme sur le flanc... avec tous les changements possibles en roulant sur eux-mêmes. L'avantage de ces postures réside dans le fait que chacun reçoit ainsi du plaisir et profite de l'excitation de l'autre.
Parallèlement à ces postures courantes, existe également une manière de « 69 » vertical, nettement acrobatique, où l'homme est debout et porte la femme, tête en bas, contre son corps. Inutile de préciser que la position est difficile à tenir longtemps, sauf si Madame est très légère et ne souffre pas d'un afflux de sang à la tête. Et encore ! c'est beaucoup mieux si la longueur respective des deux troncs permet à celle-ci de « crocher » son corps sur les épaules de son partenaire en y pliant ses jambes à la façon d'un contrepoids. D'une façon générale, en effet, les pratiquants du « 69 » observent que la longueur respective des troncs joue une grande importance dans la commodité de la position choisie. Dans le cas cité ci-dessus, on s'adresse bien sûr avant tout à des contorsionnistes...
Au bout du compte, pour toutes ces postures, la facilité et la précision de l'éjaculation dépendent de la commodité de la position et de la raideur du pénis. Deux corps trop rigidement imbriqués la subiront plus qu'ils ne la contrôleront.

« Cravate », ou « branlette » entre les seins

Appelée « cravate de notaire» ou « branlette espagnole », la caresse du pénis entre les seins des dames « mamelues » relève davantage de la masturbation que de la fellation, sans toutefois parvenir à s'en affranchir totalement. Pratiquée debout devant une femme assise ou agenouillée, ou bien encore en enjambant son torse tandis qu'elle est couchée sur le dos, tête relevée par des oreillers, cette posture demeure associée à la fellation dans l'esprit des hommes. Elle est pourtant avant tout une masturbation mammaire, l'un ou l'autre des partenaires devant compresser les seins avec ses mains pour que Monsieur puisse y faire aller et venir sa verge à son rythme. Nulle autre intervention possible de la dame quant à la cadence... En revanche, elle peut tendre la langue pour rechercher le contact avec le gland à chaque avancée du pénis. Selon la poussée de l'homme, selon aussi la lourdeur et « l'élasticité » des seins, le gland s'avance plus ou moins à l'entrée de la bouche, y recherchant un plus de sensations, notamment cérébrales. À l'évidence, ce n'est pas ce plus qui provoque l'éjaculation, mais bien la masturbation elle-même. Cette projection de sperme, toutefois, s'effectue en direction de la bouche, qu'elle n'atteint pas toujours, et elle conforte cette idée de fellation. La plupart du temps, l'homme répand sa semence sur la gorge de sa compagne. Parfois encore, l'un des partenaires achève cette caresse d'une main ferme, arrosant les seins eux-mêmes – ce qu'apprécient de nombreuses femmes – et notamment leurs mamelons, que certaines parviennent ensuite à lécher en tendant la langue. Un plaisir fort prisé, dit-on...

5. par quel bout l'attaquer ?

Nous venons de voir que les hommes sont parfois très entreprenants dans la fellation, mais que cela demeure assez rare. Même s'il est demandeur, Monsieur espère une initiative de sa compagne – laquelle peut en avoir elle-même très envie... et ne pas trop savoir comment s'y prendre. La question se pose alors de savoir de quelle façon « attaquer l'instrument » mais aussi provoquer la situation.
Certes, il est possible à la dame de se jeter sans préambule sur le sexe de son amant – cela peut constituer un jeu en soi. Elle peut également prendre pour parti de le violer littéralement en pompant son sperme le plus vite possible, mais cela ne saurait constituer chaque jour une manière agréable de pratiquer la

chose. Hormis les jeux de l'irrumation et des rapports furtifs, la fellation est une caresse qui appelle un peu de douceur, de temps et de cérébralité. Elle est bien des choses – un art, un luxe, peut-être même un culte –, mais sûrement pas un objet de compétition.

Douceur et cérébralité

Prenons donc la douceur et la cérébralité pour aborder notre instrument et, à la question « Par quel bout l'attaquer ? », répondons qu'il n'existe pas un bout unique pour l'attaquer. En vérité, un sexe d'homme ne se redresse pas parce que l'on établit un contact avec lui par tel ou tel bout, mais bien plus sûrement parce que l'on parvient à troubler le cerveau qui l'active. Or, la cérébralité commence bien loin du pénis et des bourses... Sans doute faut-il la rechercher en tout premier lieu du côté de la bouche de Madame, du ton suave ou ferme de sa voix. L'élément essentiel de la fellation, c'est les lèvres de la femme : ces lèvres parfois pareilles à des fruits mûrs, qu'elle farde pour mieux capter l'attention, qu'elle tord en des moues évocatrices. Une petite moue bien appuyée peut se révéler assez provocante pour susciter une érection. Des joues habilement creusées ajouteront à l'effet produit. L'appui du regard, aussi, est important lorsque Madame, à table, consomme tel ou tel fruit rouge évoquant un gland masculin, ou bien embouche une banane ou quelque asperge à la silhouette phallique... Le registre de la connivence est immense. Parfois on peut le pousser jusqu'à l'obscène, par exemple avec ces fruits mais aussi lorsque la dame s'introduit un doigt dans la bouche avec un

air entendu. Bruits de succion et grognements de volupté peuvent bien sûr accompagner ce manège. Effet garanti !
Si besoin est, la provocation peut recourir à des propos sans ambiguïté. Le registre, en ce domaine, est infini : depuis l'humour le plus léger jusqu'à l'obscénité la plus crue. Madame peut partir d'observations anatomiques « directes », du genre : « Dis-moi, tu m'as l'air bien tendu. Il va falloir faire quelque chose... » Elle peut aussi poser des questions – « Tu n'aimerais pas que... ? » –, faire part de ses envies – « J'aimerais te... » Surtout, Madame, n'ayez pas peur des mots. Appelez un chat un chat. Dites-lui bien ce que vous allez lui faire, ce que vous allez lui prendre ou lui « tirer ». Parlez lui de ses couilles, de sa queue ou de sa bite, de son jus ou de son foutre ; vous verrez, il adorera ça ! En outre, si vous êtes d'ordinaire plutôt réservée et bien élevée, nul doute que quelque (très) vilaine idée lui traversera l'esprit et viendra lui dilater les artères du pénis...
Rien n'empêche de joindre le geste à la parole. Une caresse au travers des vêtements sur le sexe ou les mamelons ne peut pas nuire. Si Monsieur est nu ou en robe de chambre, on peut toutefois le jouer plus finement en glissant sa paume entre ses cuisses et en soupesant ses bourses. Tout bien pesé... vous verrez, l'effet produit peut s'avérer très suffisant. Entreprendre tout de suite de branler ce sexe est un peu dommage, sauf déficience avérée du monsieur. Rien de plus plaisant pour Madame que de voir ce pénis se dresser sous ses yeux avec la plus grande économie de moyens, comme si elle était une magicienne.
Alors, au-delà des regards, des mots et des moues, le moyen le plus « économique » pour Madame est

assurément son souffle : ce peu de vent qu'elle peut couler à son rythme sur ce sexe nu, et notamment sur ce gland si sensible à des riens. Cette fois, la bouche entre en action et Monsieur la voit s'activer. Elle est déjà mieux qu'une promesse et, sitôt les premiers effets constatés, l'érection peut être consolidée tout aussi subtilement par de légers coups de langue ou de subtils pincements des lèvres sur les bourses, la hampe ou le gland. Les sensations, à ce stade, se veulent encore infimes : Madame n'use encore que du cérébral !

Et si Monsieur « résiste » ?

Parfois, le regard appuyé d'une dame sur une verge, même à travers un pantalon, peut suffire à la faire se dresser. À l'inverse, tous ces jeux cérébraux peuvent se révéler insuffisants en certaines circonstances. Dans ce cas, sans se résoudre d'entrée à un branle des plus vifs... il est possible de tenter quelques douces manœuvres buccales ou manuelles. Tout d'abord, si le pénis n'est pas circoncis, Madame lui manifestera son vif intérêt en le décalottant délicatement – et ostensiblement ! – du bout des doigts. Elle peut également user de sa langue – juste de sa langue ! – pour soupeser ce gland et, alternativement, chaque testicule. Enfin, si cela ne suffit pas, elle étirera le pénis en pinçant ses lèvres sous la couronne du gland. Le jeu consiste alors à le maintenir tendu tout en gobant rythmiquement le gland. Au besoin, elle plaquera une main contre le ventre de son partenaire pour le tenir à distance. Ceci fait, Madame peut alors, durant un temps, branler la base de la hampe tandis qu'elle maintient la langue tendue en direction du gland et conserve les yeux plongés avec provocation dans le regard de son compagnon. Suprême raffinement – si elle est « joueuse »... – elle agite en même temps sa langue de gauche à droite ou de droite à gauche avec une vivacité de serpent et... plus encore, une moue obscène à laquelle Monsieur ne devrait pas résister longtemps.

6. ce qu'il ne faut pas faire

L'homme réagit sexuellement plus vite que la femme et nous venons d'observer qu'un souffle peut suffire à susciter une érection. Eh bien, tout le problème, c'est qu'il peut tout aussi vite débander si sa partenaire se laisse aller à commettre certaines erreurs. Nous en retiendrons cinq.

**Ne pas pomper,
pomper, pomper...**

Madame doit impérativement éviter de se jeter directement sur le pénis pour le pomper, pomper, pomper... histoire de le dresser plus vite, de le vider plus vite et de cacher ainsi son peu d'envie ou de fantaisie.

Le pompage tout bête et prolongé apparaît comme la bouée de sauvetage de celles que la fellation embarrasse. Il n'est pourtant que l'une de ses techniques, et il ne saurait faire oublier toutes les autres à un homme en attente de variations et de jeux cérébraux.

Ne pas « mettre les dents »

La langue, les lèvres, les joues interviennent très directement dans la fellation. Les dents, au contraire, doivent éviter tout contact avec le sexe masculin, et tout particulièrement le frein et les testicules. Certes, quelques spécialistes savent en user de façon positive, mais, la plupart du temps, les dents génèrent sinon des douleurs, du moins des impressions déplaisantes gâtant l'érection. Il n'est pas rare que des médecins observent de légères blessures sur le pénis de messieurs abandonnés au manque d'expérience ou à l'excès de fougue des dames.

Ne pas fermer les yeux

Le regard, comme le ton de la voix, est essentiel pour donner leur juste coloration aux relations que l'on tisse avec quelqu'un. Au choix, il y apporte humour, gravité, sensualité, théâtralité... Fermer les yeux pour une fellatrice, c'est comme faire l'amour dans le noir. Non seulement elle renonce au spectacle qu'elle donne à son compagnon, mais elle prive celui-ci de toutes les émotions qui se lisent dans les yeux, de toutes les connivences. Certes Madame peut préférer fermer les yeux au moment de l'éjaculation, elle peut en les fermant donner l'impression qu'elle suce avec passion... mais elle doit aussi apprendre à les ouvrir pour guetter les réactions de son partenaire et lui passer ces messages muets qu'échangent les bons amants : « Tu as vu ce que je te fais ?... Regarde ce que je te fais !... » Et certains hommes, bien sûr – fantasme obligé ! –, auront envie de lire dans ces yeux : « Regarde comme pour toi je suis une gourmande ! » Tous, en tout cas, laisseront lire à Madame dans leurs propres yeux : « Tu sais, je vois ce que tu es en train de me faire ! » Bref, le regard, dans la fellation, est la cerise sur le gâteau.

Ne pas parler... la bouche pleine

Ne pas parler – la bouche pleine, ou peu s'en faut... – est la quatrième règle à respecter durant une fellation. Rien n'est pire pour un homme que d'entendre sa compagne évoquer brutalement tel ou tel point de leur vie domestique alors qu'il se trouve, lui, entre les plaisirs d'une main et les voluptés d'une bouche. Le « Tiens, au fait ! fais-moi penser à acheter du sel demain » tue un peu l'érection. Ce genre d'incident est la preuve manifeste d'un décalage entre l'univers fantasmatique dans lequel s'enfonce l'homme au fil de la fellation et une action toute mécanique qui peut laisser à certaines femmes un esprit froid. La fellation est un univers de fantasme et il est impératif que les deux amants s'y plongent pareillement. Bien sûr, Madame peut parler, mais c'est pour ajouter à l'excitation de son compagnon, avec des appréciations, des promesses, des mots adaptés à son attente : « J'aime le goût de ta queue... Tes couilles, je vais te les vider... Maintenant – là ! – je vais te tirer ton jus !... » Faisant cela, elle peut également se laisser aller.

Ne pas prendre un air dégoûté

Évoquer le « sel » durant une fellation est la preuve qu'on a la tête ailleurs, prendre un air dégoûté atteste qu'on la pratique à contrecœur. Rien n'est pire pour un homme que le soupir assassin ou l'air dégoûté de sa compagne durant une fellation. L'un des objectifs de ce guide est d'aider certaines femmes à surmonter leur répugnance, et l'un des premiers conseils qu'il peut leur donner est sans doute de s'efforcer de cacher ce dégoût. Alors certes, il reste l'éjaculation, qui pour certaines fait peur, mais là encore, en leur apprenant à choisir les postures et les exercices les plus appropriés à leur goût et à leur expérience, cet ouvrage a vocation à les aider à maîtriser ce réflexe bien compréhensible.
De même, une femme qui se sera laissé surprendre ou qui aura accepté une éjaculation intra-buccale, gâtera le plaisir de son partenaire en recrachant vivement son sperme avec dégoût. Ce genre de réaction ne se contrôle pas, alors, si l'on n'est pas sûre de soi, mieux vaut s'abstenir de s'exposer à ce genre de situation déplaisante pour chacun. Au besoin, si son partenaire souffre de ce « manque », il faut apprendre à parler de ses craintes avec lui.

Les moins balourds...

Nous venons de voir ce que Madame ne doit pas faire, mais est-ce à dire pour autant que son partenaire ne se trouve pas lui-même soumis à certaines obligations ? Assurément non ! Tout d'abord, il appartient à Monsieur de ne jamais contraindre sa compagne, qu'il s'agisse de tel ou tel type de pratique ou de posture. Ce serait d'ailleurs pour lui le plus sûr moyen de perdre à jamais la complicité souhaitée avec elle. Ensuite, Monsieur doit lui aussi se laisser aller à parler pour confier à sa compagne ce qu'il aime et ressent, c'est à dire avant tout ce qu'il apprécie plutôt que ce qu'il serait tenté de critiquer... Pas question en cet instant de se livrer à des commentaires déplaisants !... Les moins balourds se contenteront à bon escient de guider et d'encourager Madame. Enfin, il lui incombe de lui offrir les mêmes plaisirs en contrepartie. Il serait le pire des malotrus s'il ne cherchait pas lui-même à comprendre comment fonctionne sa partenaire, où résident ses fantasmes les mieux cachés – son quatrième visage –, quelles caresses elle préfère, quelles postures la troublent le plus. La fellation, où l'homme est souvent si passif, ne doit jamais faire oublier que l'amour est un art qui se pratique à deux... et doit demeurer avant tout un sentiment, une attention à l'autre.

7. le grand jeu

Maintenant que nous connaissons bien l'instrument, il faut désormais apprendre à en jouer.

Le gland

Nous avons déjà évoqué quelques façons agréables de titiller le méat et le prépuce. Reste à montrer quel bon usage faire du gland proprement dit ainsi que du frein. Le gland et le frein sont par excellence la zone de friction privilégiée pour les lèvres, la langue, les joues, mais aussi les doigts, le visage, les mamelons de Madame... Quelque jeu que l'on y pratique,

Monsieur ne saurait y demeurer indifférent. Insister à cet endroit – notamment sur la couronne du gland et le frein – est le plus sûr moyen d'exaspérer son excitation et de le porter à l'orgasme. Y revenir régulièrement lors d'autres jeux avec la hampe et les bourses est de même la meilleure garantie d'une tension sexuelle savamment entretenue à son plus haut niveau. Par ailleurs, outre la raideur du pénis, le gonflement et l'aspect empourpré du gland offrent à Madame une image forte et édifiante de cette excitation.

Attaquer au plus sensible

Avant d'évoquer le bon usage du gland, rappelons que le frein constitue la zone la plus sensible et la plus fragile du pénis. On peut donc choisir d'attaquer là et d'insister au plus sensible, mais il est essentiel d'y user de prudence dans ses jeux et de savoir les relâcher avant que la sensation de plaisir ne se transforme en agacement, voire en douleur. Ces jeux impliquent, au choix, la langue et les lèvres. La langue, qui peut se tendre plus ostensiblement, se prête davantage à l'exhibition et à une obscénité toute cérébrale. Elle peut, selon des rythmes variés, lécher le frein de droite à gauche, de haut en bas, y dessiner des cercles ou insister en un point très localisé... Elle peut aussi y vibrer comme le ferait celle d'un serpent ou bien y appliquer un léchage très appuyé – façon astiquage – tandis que le gland se trouve calé contre le berceau charnu des lèvres. Celles-ci, enfin, peuvent s'y coller en un berceau plus serré – façon cul de poule – et y pratiquer une succion insistante, éventuellement accompagnée d'un léger branle de la hampe. Ces diverses formules peuvent bien sûr se combiner et se pratiquer à des rythmes alternés.

Coups de « chapeau »...

Le gland ressemble grosso modo au chapeau d'un champignon. C'est lui, et notamment sa couronne pigmentée de points sensibles, qui mérite toutes les attentions. Ce chapeau peut être sucé ou tenu en bouche, caressé avec les lèvres ou léché, palpé ou « agité ».
La succion du gland constitue l'image emblématique de la fellation. Nous avons dit combien il fallait se garder d'un pompage tout bête, néanmoins nous ne saurions non plus trop recommander de savoir en user en jouant de toutes les variations possibles. La succion, en effet, peut être variée dans son rythme mais aussi dans sa manière, notamment dans la « résistance » que l'on y apporte. Par exemple, Madame peut prendre le gland tout entier dans sa bouche, pincer ses lèvres sous la couronne puis tirer sa tête en arrière de manière à faire glisser tout entier ce chapeau entre ses lèvres ainsi fortement serrées. Sitôt parvenue au méat, elle relâche alors sa pression et recommence, allant à nouveau placer ses lèvres sous la couronne du gland. Cette technique peut être également pratiquée en sens inverse, les lèvres se pinçant du côté du méat, puis poussant et forçant pour faire glisser le chapeau dans leur cercle avant de se relâcher. Enfin, ces deux mouvements peuvent être combinés pour obtenir un effet de succion maximal, lequel risque toutefois de paraître plus banal, parce que perçu comme un simple va-et-vient. Il ne faut pas pour autant mésestimer l'effet de ce va-et-vient s'il est pratiqué assez vivement, à succion

constante et en évitant ostensiblement toute aide des mains.
Une autre technique consiste à emboucher plus ou moins le gland – d'un tiers, de deux tiers, jusqu'à la couronne... – et à le sucer doucement en déplaçant ses lèvres comme on le ferait sur une boule de glace. La méthode paraît plus douce, mais s'avère très efficace. En outre, selon la posture choisie, Monsieur ne manquera pas d'apprécier l'image de ce chapeau empourpré sans cesse coiffé et décoiffé par les lèvres de sa compagne.

Une langue qui nous parle

Mais l'obscénité, en fait, devient plus grande encore dès lors qu'intervient ce corps charnu et mobile qu'est la langue : ce merveilleux outil velouté qui capte tous les goûts et que l'on peut tendre avec ostentation. Même lorsqu'elle reste muette, la langue sait nous parler... De multiples façons de s'en servir peuvent être évoquées ici.
Tout d'abord, la langue intervient dans la succion intra-buccale du gland, où elle passe et repasse sur ses chairs sensibles et où, si la taille de la bouche le permet, les lèvres peuvent demeurer assez largement ouvertes pour laisser deviner ses jeux près de la couronne. Mieux encore, tandis que le gland reste en bouche, elle peut se glisser à l'extérieur pour lécher le dessous de la hampe au-delà du frein. Une fois le gland libéré, la langue s'exhibe aussi avantageusement en se tendant pour parcourir sa couronne en de lents mouvements circulaires. À l'inverse, Madame peut la garder tendue et, d'une main ferme, faire « tourner » la couronne contre elle, voire contre l'our-

let de ses lèvres. La langue peut de même s'appliquer à lécher longuement le chapeau que l'on tient découvert devant elle. Enfin, elle se tend et s'offre en une manière de gouttière humide où le gland va s'attarder et où le pénis va glisser vers le fond de la gorge.

Petits savoirs périphériques

Les virtuoses de la fellation ne manquent pas d'agrémenter ces figures obligées de petits plus adroitement distillés en plaisirs « périphériques ».
Bien sûr, l'intervention de la main concerne en tout premier lieu la hampe, corps principal, donc « saisissable », de la verge, néanmoins rien n'interdit d'en faire un usage prudent au profit du gland. Il est ainsi possible de disposer les doigts en berceau autour de la couronne pour en offrir le chapeau avec obscénité, tel un fruit, à la langue et aux lèvres. Il est également plaisant de serrer entre ses doigts et de branler la base du pénis pour le faire vibrer tandis que la pointe du gland se trouve pincée entre les lèvres de la dame. La main, dans ce cas, peut du reste appartenir à Madame ou à Monsieur... Le même mouvement vibratoire se pratique devant la bouche laissée ouverte, langue tendue et pointée, au choix, contre le frein ou le méat. Les doigts, aussi, peuvent monter se resserrer juste sous la couronne du gland pour entretenir un doux branle sur cette zone sensible. Les esthètes de cette pratique y forment alors un simple cercle, entre le pouce et l'index, et privilégient un rythme gracieux, petit doigt en l'air, comme le ferait la plus respectable des bourgeoises à l'heure sacrée du thé... Là encore, on se trouve dans le domaine de l'exhibition et du décalage. Enfin, selon la position de la main sur la

hampe et le rythme donné à la caresse, la fellatrice peut aventurer deux doigts sur le gland à chaque avancée du poignet ou bien maintenir le pouce contre le frein afin de l'agacer légèrement.
Au-delà de ces jeux de mains, la dame peut explorer bien d'autres possibilités en promenant le gland contre son visage ou son corps. Elle a ainsi de bonnes chances de troubler profondément son partenaire en faisant rouler l'extrémité de son sexe contre sa bouche, mais aussi contre son cou, son front, ses joues... Sans doute trouvera-t-elle aussi quelque plaisir intime en caressant ses seins avec lui et en insistant sur leurs mamelons – délice encore plus grand lorsque s'échappent les premières perles de liqueur séminale... Ultime possibilité, dont Madame peut accuser l'effet visuel à loisir : le gland, logé en bouche, dont la rondeur déforme exagérément la joue. Monsieur ne devrait pas résister à cette image si elle est appuyée d'un regard entendu de sa complice – a fortiori si, de ses propres doigts, il palpe cette rondeur.

Hampe et bourses

Nous avons entrepris la description du sexe masculin en le comparant à un instrument. Nous observons en fait que la variété des zones sensibles opère plutôt à la façon d'un orchestre, chacune étant complémentaire des autres. Nous allons voir maintenant qu'en effet la hampe et les bourses sont de précieux complices du gland par les jeux érotiques, buccaux et manuels, que l'on y pratique tantôt en alternance avec les siens, tantôt parallèlement. La hampe tout d'abord, cylindre lisse et doux, apparaît comme un corps vivant sous les doigts et les lèvres de l'officiante : elle se tend, se cabre avec des hoquets d'encouragement. On peut la sucer, la lécher, la palper, la peloter, mais aussi l'empoigner pour la presser ou la branler. Les bourses ensuite, à l'épaisse enveloppe charnue, plus ou moins fripée et velue, apparaissent comme le paquet viril de l'homme : en le saisissant dans sa paume, Madame tient littéralement Monsieur « par les couilles »... À l'évidence, il y a beaucoup à faire avec ces charmants instruments que l'on peut en outre promener sur son visage et son corps, comme le gland.

Pelotage
et art du glissement

Avant d'attirer la bouche, la hampe attire la main des dames. Sa douceur, sa chaleur, son caractère « vivant », ses changements de taille, cette dureté qui est la preuve tangible de l'effet que Madame exerce sur Monsieur incitent celle-ci à s'intéresser à elle. Pour ce faire, deux méthodes : le pelotage et le branle.
Le mâle le plus endurci aura quelque peine à résister à un authentique pelotage savamment mené par une dame décidée – a fortiori si ce pelotage s'exerce sur sa verge et s'il a débuté de façon anodine par une simple palpation. Une fois que l'on y a goûté... Si elle a quelque fantaisie, Madame peut en effet commencer ses jeux de mains du bout des doigts, en effleurant la hampe, en la pressant à peine... bref, en la jau-

geant à la manière d'un maquignon, comme si elle n'était pour elle qu'un pur objet sexuel. Ceci fait, le contact peut se rendre plus précis, plus pressant, se transformant peu à peu en un pelotage plus ou moins sélectif sur les corps caverneux ou le corps spongieux. Enfin, gagnant sans cesse en audace et en efficacité, cette reconnaissance se transforme en une véritable « prise en main » autorisant tous les branles possibles...

Branler un homme avant ou pendant une fellation est un moyen très sûr d'obtenir son érection, de la fortifier et de le conduire à l'orgasme. Exécuté avant, ce branle peut être accompagné de propos déplacés ou bien, au contraire, d'un apparent détachement... Tenir « distraitement » le sexe d'un homme dans sa main tout en lui parlant constitue un excellent préliminaire : il y a peu de chance qu'il garde l'esprit à la conversation. À la différence du pelotage, qui est tout de fantaisie, le branle demande sinon une authentique technique, du moins du doigté. La chose paraît toute simple, notamment pour les hommes qui, en se masturbant, perçoivent une impression agréable ou non. Pour les femmes, cependant, la chose est moins évidente. Certaines sont d'authentiques virtuoses de la « branlette », tandis que d'autres demeurent assez gauches face à leur crainte de faire mal, ou à leur désir de faire vite. Le glissement des doigts sur la hampe est en effet à la fois une question de pression et de vitesse. La main ne doit être ni trop serrée ni trop lâche sur la hampe, le mouvement ni trop vif ni trop mou. Tout cela est une question de doigté et ne peut s'apprendre dans un guide, si bon soit-il... La pratique est la meilleure des écoles pour Madame, surtout si Monsieur lui distille ses conseils au travers des sensations avouées, et, mieux encore, s'il accepte de joindre sa propre main à la sienne pour la guider. Les seuls conseils que l'on puisse donner ici, c'est qu'il vaut mieux être trop lent que trop rapide face à la fragilité du frein, et qu'il vaut mieux faire une gaine de sa main plutôt qu'un simple cercle entre pouce et index, bien que cette méthode s'avère plus spectaculaire et troublante.

En haut, en bas...
et même en vrille

L'efficacité du branle n'est plus à démontrer, même s'il n'a pas vocation à conduire lui-même à l'orgasme dans le cadre d'une authentique fellation. Reste à voir les multiples variations qui en font un complice de celle-ci, et tout d'abord la position des mains – en haut, en bas, au milieu – dont nous avons déjà évoqué diverses possibilités.

Une main qui branle, en effet, on l'imagine tout d'abord saisissant la verge par son milieu afin de parvenir à un mouvement de va-et-vient des plus amples et de pouvoir, éventuellement, recouvrir à chaque passage la couronne du gland. Mais cette main peut aussi rechercher des sensations particulières et des effets visuels excitants en se plaçant tout à la base du pénis ou bien, au contraire, sous la couronne du gland. Dans l'un et l'autre cas, l'officiante peut également se contenter de disposer le pouce et l'index en cercle, ce qui est plus spectaculaire et autorise une caresse plus localisée et plus appuyée. En outre, il va sans dire que, pour les sexes de grande taille et selon les facilités laissées par la posture choisie, ce branle peut être exécuté à deux mains.

Tout ceci, bien sûr, ne représente que les positions de base et, une fois de plus, laisse libre cours à de multiples variations. Citons ici les mains posées « en feuilles » parallèlement au cylindre de la verge ou bien encore les mains laissées ouvertes, doigts tendus, contre les corps caverneux et suivant le rythme de la fellation d'un mouvement lent et élégant. Ce va-et-vient peut en outre s'accompagner d'un léger effet de rotation, façon allumeuse de feu des temps préhistoriques... D'une façon générale, toutes ces caresses peuvent être agrémentées d'un mouvement de vrille du poignet, pourvu que celui-ci demeure dans les limites du raisonnable, tout de douceur et de sensualité. Là encore, lorsque le geste se veut élégant, et tout particulièrement lorsque le branle s'effectue entre pouce et index, le petit doigt en l'air, ajoute au plaisir du spectacle. Enfin, notons que la bouche elle-même peut se substituer aux doigts pour exécuter ces vrilles sur le gland : ce n'est donc plus l'instrument qui tourne sur lui-même mais l'outil qui tourne autour de l'instrument...

Entre flûte et gorge profonde

La bouche, bien sûr, ne saurait elle-même demeurer insensible aux charmes de la hampe. De fait, elle donnera et trouvera bien du plaisir en léchant ses chairs avec application, en les pressant et en les faisant glisser entre ses lèvres. Pour ce faire, deux méthodes : la « flûte » et la gorge profonde. Un léchage méthodique de la hampe peut être effectué « dans le sens » de celle-ci, y compris jusqu'à totale exaspération de Monsieur... toutefois les variations les plus intéressantes sont celles ou les lèvres de la dame se placent parallèlement à son cylindre, comme celles d'une musicienne sur une flûte traversière. Dans cette position, elles bénéficient d'un accès commode à toute sa longueur et peuvent à loisir insister sur les corps caverneux et spongieux, qu'elles pincent pour tester leur dureté et provoquer des soubresauts, ou bien sur lesquels elles glissent à un rythme et avec une pression variables. L'effet sensuel et visuel peut être accentué par l'activation des doigts sur le pénis, notamment sur le gland, qu'ils peuvent tenir pincé avec une ostensible élégance. Toutes ces variations sont accessibles aux jeunes femmes les plus néophytes et n'exposent pas celles-ci aux débordements d'une éjaculation intempestive. Nous ne saurions dire la même chose de ce qui suit.

La « gorge profonde » est par excellence le domaine des femmes libérées et expérimentées : celles ne redoutant pas le réflexe nauséeux qui pourrait venir gâcher le plaisir de chacun. Outre-luette, outre-glotte... tout est possible. Interviewée sur le sujet, Linda Lovelace, la reine du genre, expliquait que dans cette pratique la taille et l'épaisseur du pénis ne sont pas un problème et que l'on peut respirer par la bouche lorsque celui-ci recule. La seule difficulté réside dans ce réflexe pharyngé de refus d'un corps étranger, lequel nécessite de se détendre pour apprendre à se maîtriser. Après cela, « il suffit » de commander à sa gorge de masser ledit pénis... L'actrice, bien sûr, précisait que certaines postures sont mieux appropriées que d'autres ; par exemple, en ce qui la concerne : allongée sur le dos, la tête légèrement en dehors du lit. Tout cela est en effet une question d'angle d'attaque. Nous ne saurions toutefois inciter une débutante à se lancer d'entrée dans une gorge profonde. Il semble plus raisonnable que, jour après jour, chacune s'exerce à pousser le pénis un peu plus loin.

Peser les choses et donner le rythme

« Tout bien pesé », avons-nous dit, l'effet produit par les mains d'une dame sous les bourses peut se révéler très suffisant pour provoquer une érection... Que dire alors quand ce sont ses lèvres et sa langue qui viennent s'appliquer contre ce paquet viril pour titiller enveloppe et contenu ! La langue peut soupeser et lécher chaque testicule ; la bouche, aussi, peut les sucer. De même, Madame ne laissera pas indifférent son partenaire en léchant le scrotum et, plus encore, en le pinçant entre ses lèvres pour tirer dessus, par exemple selon un rythme en accord avec celui d'un branle. Pour peu qu'elle transforme son manège en succion et que ce branle se fasse plus vigoureux, elle obtiendra aisément l'éjaculation – volupté d'autant plus grande que son compagnon se sentira « pompé par le bas ». Ces jeux peuvent être pratiqués soit à distance normale, soit le visage enfoui dans le corps mou des bourses. Dans ce cas, il est également possible de secouer la tête pour agiter le paquet à la manière d'un animal accroché à sa pitance : un côté bestial auquel Monsieur ne devrait pas demeurer insensible. Dans un souci de progression sensuelle, ces variations peuvent bien évidemment être précédées de divers jeux (frottements, roulements, légers coups) du pénis contre le visage de Madame.

Enfin, on ne saurait négliger les mains, qui peuvent

elles aussi soupeser et caresser les bourses, mais aussi les « ramasser » en un paquet plus dense, plus obscène, voire donner le rythme de la fellation en les tirant par le cercle étroit du pouce et de l'index, bien serré entre périnée et base du pénis. Ce jeu s'avère lui aussi redoutable et, sans doute plus encore, lorsque la dame substitue à ses doigts un lien, tels un collier de perles, une ceinture de peignoir, voire une culotte roulée sur elle-même...

Quand Monsieur met le paquet

Parfois encore, c'est Monsieur lui-même qui intervient pour donner ce rythme en plaçant sa main à la base de ses bourses et de son pénis. Soit il se contente alors de mettre ce paquet obscène sous les yeux de sa compagne tandis qu'elle continue de le sucer à son rythme, soit il se fait le maître du jeu et guide son pénis dans tous les mouvements souhaitables pour son plaisir et le trouble de la dame : pénétrer sa bouche, caresser ou battre ses joues, ses lèvres... Enfin, en dépassant le seul cas de ce paquet, notons que nombre d'hommes aiment jouer eux-mêmes avec leur hampe tandis que Madame suce ou lèche leur gland, voire leurs bourses. Là, la fellation nous ramène à la masturbation et, dans son approche mentale, aux confins de l'irrumation.

8. symphonies sensuelles

Connaître l'instrument et les gammes, c'est bien, mais imaginer son « morceau » – symphonie serait moins ambigu... –, c'est mieux : pour le plaisir de Monsieur, mais aussi pour la satisfaction qu'a Madame de se sentir devenir « la reine des suceuses ». Mais là, il ne suffit pas d'avoir de l'expérience, il faut avant tout de l'imagination et un esprit libre. La folie et la connivence priment sur la technique. Les femmes les mieux inspirées prennent le pas sur les plus laborieuses et appliquées.

En abordant ces symphonies sensuelles, nous nous projetons dans une manière de monde idéal où chacun fait montre de la meilleure volonté et a réglé leur compte à ses inhibitions. La fellation telle que nous la présentons maintenant ne se veut ni un furtif amuse-gueule ni un expédient commode pour se libérer d'un soupirant excité. Tout le contraire d'un pompage tout bête, elle se veut un plaisir en soi et peut éventuellement aboutir à une éjaculation sans coït. Enfin, nous garderons présent à l'esprit que Madame dispose de deux puissants leviers pour réussir sa partition : le sexe, notamment le gland, mais aussi le cerveau de son partenaire.

Corps à corps et effets concentriques

Avant de tenter de faire de Madame une authentique artiste... deux méthodes peuvent être mentionnées ici parmi les plus simples et les plus efficaces, notamment à l'intention des débutantes : appelons-les « le corps à corps » et « les effets concentriques ».
Le corps à corps ou body-body constitue l'approche la plus naturelle de la fellation, puisque fondée sur le contact de deux corps nus dont la relation épidermique, pimentée de caresses simples, doit suffire à provoquer l'excitation. En 1973, Godefroy Andrieux présentait une forme de cette méthode dans le numéro 8 d'*Union*, qui révolutionnait alors la presse de couple et qui peut aujourd'hui revendiquer la paternité d'un style d'articles à la fois coquins et pédagogiques désormais distillés jusque dans la presse féminine. L'auteur décrivait la femme s'allongeant sur son partenaire et lui massant le pénis entre ses cuisses tandis qu'elle lui mordillait les lobes des oreilles. Ensuite, elle effectuait un lent glissement contre son corps, frottant sa vulve contre ledit pénis et titillant tour à tour mamelons, nombril et pubis. Le jeu consistait en fait à retar-

der la prise en bouche proprement dite et, s'il le voulait, permettait au couple de se placer tête-bêche en position de « 69 ». Les variations alors entreprises sur le sexe de l'homme allaient du moins sensible au plus sensible : prépuce que l'on trousse, scrotum que l'on aspire et que l'on suce, hampe où l'on va et vient longuement, gland, frein, couronne qu'on lèche et suce jusqu'à éjaculation...
Dans le même esprit d'une progression retardée, existe également la méthode des effets concentriques, où – en haut, en bas – on s'attarde tour à tour sur les quatre cercles érogènes disposés autour du frein et de la couronne : d'abord bouche-oreilles-cuisses, puis mamelons-pubis, ensuite nombril-bourses, et enfin hampe-gland. Cela dit, comme dans le cas précédent, la progression vers le gland et le pompage final demeurent d'une grande lisibilité. Alors ?...

Surprise et progression dramatique

Alors, si la méthode des effets concentriques peut inspirer certains enchaînements, il est plus déstabilisant pour l'homme d'être sans cesse surpris tout en sentant peser sur ces caresses une évidente « progression dramatique », sensuelle et cérébrale. De fait, cette progression est d'abord physique et use de différents effets : cheminement des caresses, alternance des moyens, changements de vitesse et d'intensité, insistance localisée. Tous ces effets, bien sûr, appellent des caresses périphériques une fois le couple engagé dans la fellation proprement dite. Simplement, à ce stade, on pourra négliger les zones érogènes les

plus éloignées (oreilles, bouche, intérieur des cuisses) pour focaliser sur les plus sensibles (mamelons, périnée, rectum). On en usera alors de manière principale – par exemple, pour laisser reposer le pénis ou imposer une pause à l'excitation de son partenaire – ou secondaire, parallèlement au branle ou à la fellation.
Le cheminement des caresses est le premier effet à rechercher pour déstabiliser Monsieur. Il peut s'effectuer de bas en haut, de haut en bas, tous azimuts. Dans les deux premiers cas, on part de l'une des extrémités du sexe masculin et l'on progresse vers l'autre. Par exemple, on suce avec application le scrotum et les testicules, puis on lèche la hampe, on titille le frein et la couronne, et enfin on attaque le méat, avant de pomper le gland. La méthode reste classique, l'avancée de la bouche prévisible, toutefois son alternance avec les autres manières apparaît très efficace. Bien sûr, la distribution tous azimuts des caresses constitue en elle-même un facteur de trouble plus puissant. En passant sans prévenir du testicule gauche à la couronne du gland, de la pointe du pénis à tel ou tel corps caverneux, les lèvres et la langue surprennent sans cesse les sens de l'homme. L'effet visuel, même, peut venir accuser chaque changement de focalisation du plaisir. Ainsi, par exemple, le visage d'une dame peut-il s'attarder, langue tendue, avec une véritable obscénité, à la pointe du gland et, l'instant d'après, se dissimuler tout entier dans la masse molle des bourses. Difficile alors pour un Monsieur voyeur de ne pas ressentir une frustration et déjà un nouveau trouble.
L'alternance des moyens consiste de même à déstabiliser son partenaire par l'intervention de la main, parallèlement ou entre les séquences de pure fellation. En un

mot, on suce, on branle, on suce et on branle... et ainsi de suite, dans le désordre. La main, en outre, peut se faire plus ou moins présente – en gaine ou en cercle – ou plus ou moins élégante – petit doigt levé. Là encore, l'alternance de l'ostentation et de la simplicité amplifie les impressions physiques par le « cérébral ».

Les changements de vitesse et d'intensité, eux aussi, ajoutent au trouble de Monsieur. Le rythme de la fellation ou du branle et la pression de la bouche ou de la main peuvent varier au cours du même rapport. L'échange de regards les souligne et leur confère une signification particulière. Bien davantage encore, dans le branle, ces changements instaurent un rapport de force à l'avantage de la femme, laquelle peut choisir entre une relative « neutralité d'autorité » et une attitude de franche domination. On se trouve là aux confins d'un subtil sado-masochisme qui dépasse les seules sensations physiques.

Reste l'insistance localisée. Madame focalise tout son savoir, toute sa fantaisie sur une seule partie du sexe masculin : bourses, hampe, gland, frein, méat... Elle va jouer à l'exaspérer jusqu'aux confins du supportable (bourses, hampe) ou de l'orgasme (gland). Ainsi, dans le cas du gland, elle va insister sur lui en le léchant, en le suçant, en coiffant et décoiffant son chapeau avec ses lèvres, en titillant sa couronne, en glissant sa langue dans le sillon qu'elle domine ou dans le méat, en le palpant du bout des doigts, en en branlant délicatement le « soubassement », sous la couronne, entre pouce et index, petit doigt en l'air... Tout ceci s'effectue en gardant l'œil sur son partenaire, guettant ses réactions, accusant la connivence, se défiant d'une éjaculation prématurée. Le jeu consiste à amener Monsieur le plus loin possible et à

savoir s'arrêter à temps pour reprendre un autre manège sur une autre partie de son anatomie... en attendant de revenir à celle-ci. La règle est simple : je te prends, je te lâche, je te reprends, je te soulage en arrêtant, mais te frustre en ne continuant pas... Elle élève Madame à une position dominante assez semblable à celle de l'effet précédent.
C'est dans tous ces effets, et notamment dans cette insistance, que se joue cette progression dramatique qui conduit Monsieur au plaisir. La partie cérébrale de cette manière de décollage sexuel se fonde, elle, sur la foule de petits trucs évoqués précédemment – moues et regards éloquents, joues creusées ou gonflées, gestes et mots obscènes, petit doigt en l'air...

Yo-yo annonciateur

Une chose, toutefois, conditionne la liberté d'esprit de l'officiante pour ces effets : le contrôle du risque d'éjaculation. Présentons donc ici ce que nous pourrions appeler « le départ du coup » et qu'avec un peu d'habitude la dame pressent, notamment en observant un curieux phénomène de yo-yo. Outre le surcroît d'excitation qu'elle est en train d'apporter à ses jeux, quatre indices permettent à la fellatrice de deviner l'imminence de l'éjaculation. Ces signes avant-coureurs intéressent tout autant celle qui redoute les giclées et le goût du sperme que celle qui guette amoureusement cette éruption pour en faire une authentique apothéose de plaisir cérébral. Deux de ces indices relèvent du comportement masculin, deux autres d'un phénomène de pure mécanique sexuelle.
Le premier indice se trouve dans les crispations dont

Monsieur se montre saisi, ainsi que dans ses gémissements. Une fois atteint un certain degré d'excitation, son envie de jouir monte comme une mayonnaise et il oublie de contrôler son corps et ses paroles. Parfois il devient très bavard et très cru dans ses propos, ce qui est loin de déplaire à certaines femmes. Second indice, l'homme en vient parfois à passer à l'acte, tendant alors la main soit pour tenir la tête de sa partenaire ou guider ses caresses de façon plus impérative, soit pour caresser bourses et pubis, voire même pour se masturber.

Les indices de pure mécanique sexuelle sont encore plus révélateurs. Ils échappent à toute subjectivité, à toute apparence. Tout d'abord, si le rapport se prolonge, la dame observera de légers écoulements au méat, sous forme de perles de sperme avec lesquelles, si elle a quelque fantaisie, elle saura jouer de la langue ou du doigt pour ajouter au trouble de son compagnon. Ensuite, et surtout, dans la dernière ligne droite vers l'orgasme, et si Madame jouit d'un tête-à-tête suffisamment intime avec les bourses de son compagnon... elle verra les testicules de celui-ci « bouger » à l'intérieur du scrotum. Si Monsieur est allongé, elle aura l'impression qu'ils tournent dans leur sac de chair. S'il est debout, elle les verra monter et descendre en un discret mouvement de yo-yo qui s'accélère et où, étrangement, ils redescendent de moins en moins bas... jusqu'à l'éjaculation.

Bien sûr, au-delà de ces signes, le mieux est encore que Monsieur annonce à sa compagne l'explosion de plaisir qui pourrait la surprendre. Peu de mots sont nécessaires pour lui donner le temps d'adapter sa position : « Oh oui ! tu me fais jouir... » ou bien, plus sobre encore, « Oui, maintenant !... » L'important est d'établir avec elle une complicité dans ce domaine. En veillant à instaurer avec elle cette relation très privilégiée, non seulement on lui fait preuve d'un réel respect, mais on se donne une sérieuse chance de la voir apprendre à exploiter ce temps d'alerte pour mettre en valeur l'éjaculation qui monte. Nous allons en effet tenter de montrer que cette éruption, bien maîtrisée, peut parfois ne pas manquer de panache...

9.
l'éjaculation

L'éjaculation ?... Sans doute, au moins neuf femmes sur dix l'appréhendent ou l'évitent. Et pourtant, sauf à clôturer toute fellation par un coït, il faut bien apprendre à faire avec. Pour cela, il n'existe que trois solutions : avaler, recracher, faire jaillir... brillamment – trois solutions parmi lesquelles choisir selon que l'on redoute le goût du sperme, la force de ses jets dans sa gorge, ses débordements plus ou moins piquants pour les yeux, voire, ce qui est bien le pire, sa nature « sale », perçue comme une souillure.

Nous avons choisi de viser l'excellence : les éjaculations « foutrales »... On peut trouver extraordinaire que cet adjectif cotoie le mot foutre dans le dictionnaire. Et de fait, « extraordinaire », il l'est bien, puisque c'est là sa signification. Rien d'étonnant, donc, à ce que nous soyons maintenant tenté de présenter ici certaines éjaculations littéralement foutrales !

Avaler ou périr

« L'homme ne doit jamais permettre à la femme, en aucune circonstance, lorsque l'irrumation est poussée jusqu'à l'orgasme, de détourner la tête et de refuser ou de rejeter l'éjaculation séminale. C'est tout simple. Elle doit l'avaler. [...] Avaler ou périr ! » Telle est, selon Gershon Legman (*Oragénitalisme, techniques de l'amour oral*), « une autre approche, plus virile, [...] encore possible ». Là on ne rigole pas : pas question pour Madame de faire la fine bouche et de chipoter ! Avec le temps, cette approche « pédagogique » a évolué : nous ne parlons plus aujourd'hui d'une « éducation fellatoire », laquelle serait révélatrice d'une soumission de la femme dépassant les simples jeux sadomasochistes. Soucieux du respect de chacun, partons donc d'une considération simple : le fait d'avaler le sperme doit être un plaisir partagé par les deux partenaires. Madame, tout d'abord ! ne doit l'accepter que si elle aime sentir un pénis se vider dans sa bouche, ou bien si elle est assez armée pour consentir un sacrifice qui enchante son amant. Monsieur, ensuite, doit s'imposer de respecter ce choix et se garder de tout reproche ou de toute insistance qui le rendrait... imbuvable. Il se grandira en s'interdisant d'abuser des arguties les plus courantes : « plus le sperme est avalé directement et plus vite son goût se dissipe », ou, au contraire, « le sperme, c'est comme les grands crus – chaque homme a son nectar – et

cela se savoure », ou bien encore « la fellation et l'excitation font tellement saliver les femmes qu'elles le remarquent à peine »... « L'excitation » ?... Certains hommes, en effet, tentent d'accroître le trouble de leur compagne à l'approche de l'éjaculation, de manière à ce qu'elle ne se rendent plus très bien compte de ce qu'elles font...
Concluons sur une note optimiste en observant que si de nombreux hommes ont pour fantasme de voir leur sperme avalé par une dame, ce n'est là pour autant ni le fait de la totalité d'entre eux, ni une cause réelle de profonde frustration, telle que peut l'être un refus catégorique de pratiquer la fellation. D'ailleurs, pour certains, se voir ainsi « consommés » peut constituer une surprise inespérée alors vécue comme une grande preuve d'amour. À l'inverse, d'autres pourraient se trouver choqués... Enfin, pour peu que Madame ait consenti à donner satisfaction à Monsieur, il est possible que ce fantasme s'estompe derrière d'autres envies à la recherche plus spectaculaire. En effet, le défaut de cette pratique, c'est qu'elle interdit à l'homme de voir jaillir son sperme – effet pourtant très recherché dans les films pornographiques. Heureusement pour Madame, il existe ainsi bien d'autres façons de provoquer chez son partenaire un trouble cérébral intense et d'échapper à cette cruelle alternative : avaler ou périr.

Savoir recevoir ou savoir prendre

La hantise de l'éjaculation repose sur deux craintes : le goût du sperme, que Madame refuse d'avaler – mais qu'elle peut tolérer un instant dans sa

bouche –, et la puissance des jets, qui peuvent lui valoir un réflexe nauséeux ou atteindre ses yeux. Cela dit, sauf éjaculation directe dans la gorge, bien des variations érotiques restent accessibles à la plupart des femmes lors de l'orgasme de leur partenaire. À chacune, selon ses goûts, de recevoir ou de prendre. Tout d'abord, s'il n'y a pas eu éjaculation au fond de la gorge mais dans la bouche, sous la protection de la langue, la femme peut sinon recracher le sperme, du moins l'expulser avec autant d'élégance que possible. C'est là son droit le plus élémentaire.
En revanche, il est possible à toute maîtresse amoureuse de donner satisfaction à son amant sans « sombrer » dans les excès effrayants de l'irrumation et de la gorge profonde. Il existe en effet toutes sortes de manières pour Madame de recevoir le sperme dans sa bouche refermée sur le gland ou laissée béante « en réceptacle », ou bien encore sur la langue tendue dans cette intention. En outre, si l'un et l'autre le désirent, Monsieur peut se répandre lui même de l'une ou l'autre façon en concluant la fellation par une franche masturbation. Bref, une fois le sperme ainsi déversé dans sa bouche, sans réflexe de nausée ni de dégoût, il suffit à Madame de s'en débarrasser avec toute l'élégance... ou toute l'obscénité possible... en évitant de le faire avec une précipitation par trop visible et de le recracher au sens strict du terme, ce qui serait du pire effet, notamment si elle l'abandonnait brutalement pour courir à la salle de bains. La fellation est un rêve pour l'homme, elle ne doit pas basculer dans le sordide et le sanitaire... Madame, donc, même si elle n'avale pas, peut atteindre le sommet de son art en se contentant – de la langue et des joues – d'expulser lentement le sperme déversé dans sa bouche. Si l'on

a visé sa langue, il lui suffit de rentrer doucement celle-ci entre la barrière resserrée de ses lèvres. Dans les deux cas, la semence de son amant ira souiller ses lèvres et son menton, ce qui ne constitue pas pour lui un petit motif de trouble ! Enfin, si sa tête se trouve située au-dessus de la verge lors de l'éjaculation, Madame jouit d'une facilité encore plus grande en se contentant de laisser jouer les lois de la gravité. Le regard planté dans les yeux de son amant, elle desserre les lèvres pour laisser s'écouler naturellement son « foutre » le long de la hampe. Nul doute que Monsieur gardera cette image gravée dans sa mémoire. Notons enfin qu'en ces circonstances, certaines femmes parmi les plus libérées poussent le « vice » jusqu'à faire des bulles de sperme avec leurs lèvres ou bien jusqu'à passer une langue gourmande sur celles-ci. Foutrement troublant !

Savoir regarder *et* savoir montrer

L'importance du regard et du spectacle est considérable dans la fellation. Elle l'est au moins autant pour l'éjaculation, ultime image que l'officiante choisit pour son partenaire. L'authentique artiste est assurément celle qui a su conduire son compagnon au plus haut degré d'excitation et qui, en plus, lui offre alors une image forte. De même, ce serait une erreur que de ne pas prendre en considération le plaisir qu'éprouvent certaines femmes à admirer en gros plan les éjaculations de leur partenaire. D'ailleurs, toutes trouvent en ces images un étrange mélange de plaisirs cérébraux : preuve de leur savoir-faire, manifestation de la puissance virile ainsi domptée... et même, parfois, soulagement d'avoir terminé... Ajoutons à cela que « le » voyeur est souvent voyeur de lui-même et qu'il aime se mettre en scène. Ainsi, en présence d'un miroir ou d'une caméra, Madame trouve encore davantage de plaisir à s'observer elle-même en action. Tout homme qui a la chance de connaître la fellation a tôt ou tard surpris ce sourire sur le visage heureux ou satisfait de sa compagne.

Tirer en l'air,
tirer sur soi...

Alors, concrètement, ces éjaculations, comment les rendre foutrales ? À l'aide de la main, bien sûr. Si, d'une part, Madame ne tient pas la hampe entre ses doigts tandis qu'elle suce le gland, et si, d'autre part, elle ne tient pas ledit gland « coincé » dans sa bouche, orienté vers sa gorge ou son palais, il lui est fort difficile de diriger les giclées de sperme à la seule force de ses lèvres. Elle risque de les recevoir n'importe où sur le visage, y compris dans les narines ou dans les yeux. Bien sûr, cela peut constituer un jeu en soi, mais nous traitons ici du cas de fellatrices qui recherchent « l'excellence » et le spectaculaire tout en se préservant des inconvénients des dites giclées. S'il n'y a pas éjaculation directe dans la gorge ou la bouche, l'intervention de la main est donc quasiment indispensable en fin de fellation, soit pour branler la hampe, soit pour conserver au gland l'orientation désirée. Notons en outre que celle-ci est également commode pour les fellatrices encore trop peu expérimentées pour conduire leur partenaire à l'orgasme avec leur seule bouche, tout comme elle est fort commode pour les dames pressées.

Cette intervention de la main permet à Madame de choisir entre deux types d'éjaculations que nous avons distinguées par des formules en clin d'œil : tirer en l'air ou tirer sur soi. Dans le premier cas, elle détourne le gland assez tôt pour éviter les giclées, lesquelles doivent leur force à la fellation mais aussi, éventuellement, à un branle. Bien mené, ce branle peut en effet produire des éruptions de sperme assez étonnantes par l'abondance du liquide projeté en jets bien nets (et non pas en épanchements) et par les distances atteintes. Cette méthode ménage le peu de goût que la dame peut avoir pour lui. De plus, elle peut s'avérer très spectaculaire et très plaisante pour les deux membres du couple.

Néanmoins, si Madame n'éprouve pas de dégoût pour le contact du sperme, voire pour une saveur saisie de la langue ou des lèvres, il lui est possible de faire encore plus fort. Elle dirige l'éjaculation vers telle ou telle partie de son corps, selon son degré de tolérance et selon ce qu'elle sait des fantasmes de son amant. Si elle est « raisonnable », elle peut ainsi choisir de recevoir ces giclées sur le cou, sur les seins, sur les cuisses – gainées ou non de bas de la couleur qu'il aime –, sur un pied ou une chaussure, s'il en est fétichiste, et même, pourquoi pas ? dans le creux de sa main libre. Si elle est plus résolue à se montrer outrancière, Madame peut viser son visage – joue, bouche, langue, bien sûr, mais aussi front ou menton – en veillant seulement à protéger ses narines et ses yeux. L'effet, là encore, est spectaculaire et, surtout, il se prolonge après l'éjaculation avec une intensité proportionnelle à la quantité de sperme déversée. C'est donc là une pratique à recommander lorsque Monsieur n'a pas joui récemment... mais pas lorsque Madame sort de chez le coiffeur ! À l'inverse des autres types d'éjaculation, dans ce cas l'homme jouit en plus du plaisir d'admirer sa semence sur le visage de sa partenaire – plaisir d'autant plus intense que celle-ci ne s'empressera pas de s'essuyer et laissera à la mémoire de son compagnon tout le loisir de « photographier » cette image puissante. Une femme qui contrôle à ce point la situation est assurément tout le contraire d'une femme souillée : elle est totalement maître du jeu. À moins qu'il ne soit le plus lourd des rustres, Monsieur ne peut qu'éprouver en ces circonstances une immense gratitude. Ce plaisir rare, auréolé de la plus totale obscénité, vaut bien une gorge profonde et une éjaculation buccale. Mieux que cela ! Si Madame porte en elle quelque fantaisie – et, à ce niveau d'abandon contrôlé, on sent bien en elle pointer l'artiste... –, ce plaisir peut se renouveler indéfiniment par la variété des images qu'il apporte comme à une loterie, selon la position choisie, l'abondance de l'éjaculation, la « consistance » du sperme...

Pourvu qu'on ait l'ivresse !

Alors, peut-on aller plus loin dans les jeux fellatoires ? Certes oui, pour celles ... qui n'ont pas la phobie du sperme. Certaines, en effet, peuvent ne pas l'avoir avalé pour mieux en jouer, par exemple en passant une langue gourmande sur leurs lèvres « souillées », ou bien en promenant leurs doigts dans ledit sperme avant de les lécher un à un, les joues creusées, le regard planté dans celui de leur partenaire... En outre, il existe des cas plus extrêmes où la semence masculine est consommée à la petite cuillère, lapée sur le sol ou un meuble, léchée à la sortie d'un préservatif ou tétée à sa pointe déchirée à coups de dents... Bien sûr, là on déborde de la fellation pour entrer dans un domaine particulier de l'érotisme : la spermophagie – authentique dégustation du sperme que chacun peut librement considérer comme le sommet d'un art ou, au contraire, l'une des plus basses perversions. À chacune de décider où s'arrête l'art, où débute la perversion. Pour certaines, bien sûr, peu importe le flacon, pourvu qu'on ait l'ivresse.

10. théâtre, décors et mises en scène

La différence entre une fellation ordinaire et une fellation extraordinaire repose bien plus encore sur ses aspects cérébraux que sur le savoir-faire mécanique de Madame. Cette pratique a besoin plus que toute autre d'un décor « de rêve » mais aussi d'une âme : cette part de rêve et de théâtralisation que seule une authentique artiste peut insuffler avec élégance dans un jeu érotique qui, sans cela, pourrait à la longue demeurer tristement inscrit au registre des agréments banals, parfois même vécus de manière hygiénique.

La fellation érigée au rang des beaux-arts

La fellation est infiniment mieux qu'une simple « caresse bucco-génitale », modeste accouplement d'une bouche et d'un sexe. Elle relève plus encore de l'art du spectacle que de l'expérience sexuelle, de l'érotisme de situation que de la pure technique du pompage. « Raconte-moi une histoire... » Là débute la véritable fellation ! Et ce n'est pas un hasard si la première approche des deux partenaires est déterminante pour la réussite de ses débordements. C'est ce premier contact qui donne le ton, ce sont les premiers regards qui suscitent la fantaisie, les premiers mots qui enflamment l'esprit.
Il appartient à chacune, mais aussi à chacun, de rechercher, d'inventer, de peaufiner le détail qui fait mouche et embarque son partenaire dans une aventure mentale et sensuelle si fascinante qu'il voudra se surpasser et ériger cette fellation... au rang des beaux-arts. Ces petits trucs peuvent se trouver dans la puissance des mots ou dans une image forte, mais aussi au travers de décors ou d'accessoires, et encore – et surtout ! – au travers de situations théâtralisées... toutes choses que nous présentons maintenant au fil des deux derniers chapitres.

L'art de l'ambiance

L'art de créer une ambiance particulière ne repose pas uniquement sur le décor – dimensions de la pièce, aménagement et solennité du lieu –, même si, en effet, on peut imaginer que pour un homme se faire sucer au milieu de la galerie des Glaces ou d'un étroit boudoir façon Pompadour ne susciterait pas les mêmes sensations. Certes, sauf recherche d'un effet particulier, il est important qu'un lieu utilisé à cette fin ne soit ni trop froid pour un corps dénudé, ni trop « glacé » pour un couple en mal de bien-être et d'intimité. Ainsi une douce température incline-t-elle davantage aux abandons amoureux et, lorsque la fellation a lieu en intérieur, sans doute une relative abondance d'étoffes et de coussins ne nuit-elle pas à une impression de confort et de chaleur. Toutefois, bien d'autres éléments concourent à créer une ambiance propice à une manière de focalisation cérébrale et sensuelle sur le « tête-à-tête » qui se prépare : l'éclairage, la musique, les parfums...

L'éclairage, ainsi, peut être extrêmement variable, selon l'effet désiré. Une lumière tamisée favorisera une impression de douceur et d'intimité – impression que l'on peut teinter de sensualité en utilisant des bougies, des ampoules de couleur pêche, rose ou rouge, ou bien encore en recouvrant (prudemment !) d'un foulard les abat-jour disposés en éclairage indirect. À l'inverse, cette mise en lumière peut être puissante et crue si Madame veut offrir à son compagnon une démonstration de fellation ou si elle consent à s'exhiber avec obscénité. Dans ce cas, on préférera des projecteurs ou des lampes d'architecte aux lampes de chevet ou de bureau. Une seule lampe au bras articulé bien dirigé et perçant l'obscurité d'une pièce crée un effet de focalisation assez troublant. Enfin, il peut ne pas y avoir d'éclairage du tout, soit pour faciliter la chose à une dame timide, soit pour laisser libre cours à l'imagination de Monsieur, afin que le spectacle soit dans sa tête.

Dans cette manière de féerie sensuelle que l'on

cherche à créer, la musique constitue le pendant naturel de la lumière. On peut accuser les effets visuels ainsi recherchés en usant subtilement de telle ou telle partie de la gamme des mélodies possibles, depuis les arrangements les plus doux, les plus romantiques, jusqu'aux compositions les plus wagnériennes, voire les plus typiquement hard rock, telles que souvent rencontrées dans les soirées sado-masochistes ou fétichistes. Toutefois, on ne doit pas perdre de vue qu'au-delà du climat ainsi créé, la musique a également un effet entraînant sur nos gestes, donc sur les caresses. « À bas les cadences infernales !... » De même, les parfums – corporels ou diffusés – ne doivent pas dénoter avec l'ambiance recherchée. On se situe dans l'art de l'infiniment subtil. On les préférera au goût de chacun, mais, d'une façon générale, on évitera qu'ils se révèlent vite trop entêtants dans une pièce fermée. Leur variété, là encore, est infinie et leur perception terriblement subjective. Certains, ainsi, préféreront par exemple l'aspect cérémoniel quasiment mystique de l'encens, tandis que d'autres préféreront la suave sensualité de l'eucalyptus ou du papier d'Arménie. C'est en tout cas un élément de « décor » à ne pas négliger et que l'on peut changer aisément d'une fellation à l'autre.

Miroir ! mon beau Miroir !

Accordons une mention particulière à un objet d'ameublement fort prisé en matière d'érotisme : les miroirs. En explorant telle ou telle chambre à coucher, l'œil attentif ne manquera pas d'observer que ceux-ci en sont rarement absents, depuis la très insoupçonnable armoire à glace jusqu'aux portes de placards vitrées ou aux murs habillés de carrés de verre, en passant par de très peu discrètes têtes de lit ou de très suspectes psychés dont on devine que la mobilité ne répond pas aux seules exigences de l'habillage matinal... Et encore, nous ne parlons là que des miroirs installés à demeure. Sans nous attarder sur les chambres délibérément « sexe » où ils sont fixés au plafond... rappelons que nombre d'entre eux sont tenus en suffisance au placard par les amateurs de voyeurisme. Ces véritables accessoires permettent alors des jeux de glaces infiniment variés, avec des images réfléchies de multiples fois, y compris parfois, comme au cinéma, en plongée ou contre-plongée – certains miroirs pouvant même alors être disposés à plat sur le sol. En vérité, le miroir est l'ami très intime de la fellation. Il multiplie les angles de vue pour Monsieur, il permet à Madame de se regarder en train d'officier et peut ainsi constituer pour elle un réel motif d'excitation. Bien sûr, son usage peut parfois paraître excessif et l'on observe des cas très poussés de narcissisme sexuel où l'homme recourt à des glaces grossissantes amplifiant le moindre détail et flattant sa virilité, voire à d'authentiques « capsules » habillées de miroirs, où il se cale avec sa compagne pour des jeux prolongés. Plus simplement, on peut imaginer de charmantes mises en scène où Monsieur se tient assis dans le noir, dans un bon fauteuil, face à une haute glace, tandis que Madame se tient agenouillée à ses côtés, le visage pris dans le même rai de lumière que son sexe... On peut rêver, Miroir ! mon beau Miroir !... Tout ceci, bien sûr – tout ce côté exhibitionniste et ce voyeurisme –, est à mettre en parallèle avec l'usage qui peut être fait d'un caméscope, soit que le couple s'enregistre dans ses ébats, soit qu'il observe ceux-ci en direct sur l'écran d'un téléviseur. La taille réduite de ces appareils, leur zoom et leur télécommande autorisent désormais bien des jeux domestiques, qu'ils soient installés à petite distance sur un pied ou bien tenus en main pour de très gros plans.

Thé, cassis ou champagne ?

Madame peut également choisir une saveur particulière pour la verge qu'elle s'apprête à sucer. Les fabricants de préservatifs ont su exploité cette pulsion en proposant divers goûts fruités (fraise, banane, etc.). Étrangement, on rencontre ainsi une manière de fierté chez celles qui assument cette pratique et osent se confier. C'est un peu comme si elles tenaient quelque secret hérité de mère-grand : quelque exquise recette que l'on se transmet entre amies. Les classiques en la matière sont le thé et le champagne, mais certaines raffolent aussi de la liqueur de cassis ou de mûres, ou bien encore de la crème Chantilly ou du miel, lequel s'avère toutefois collant... Bien sûr, tous les jeux sont possibles avec un liquide : Madame peut prendre celui-ci dans sa bouche ou bien le verser sur le sexe masculin, ou bien encore tremper dedans ledit sexe. Le thé, à cause de sa tiédeur – il serait imprudent de l'utiliser chaud ! –, est généralement pris en bouche et l'officiante insiste alors sur le gland. Le champagne est d'une utilisation plus large. La dame peut également le verser sur tout le sexe, qu'elle lèche ou suce en répétant l'opération à loisir. Elle peut tout aussi bien préférer tremper les testicules, comme des biscuits... dans une coupe à champagne – image forte à laquelle son partenaire ne saurait lui non plus demeurer insensible

si elle a pris soin de disposer un miroir à proximité.
À côté de ces produits goûteux, existent également des corps gras et des huiles aromatisées auxquels certaines fellatrices recourent pour leur onctuosité : vaseline ou beurre de cacao, huile d'amande douce... Leur saveur sur le gland est parfois discutable, mais leur pouvoir glissant facilite l'art du branle et amplifie les sensations. De même, le très mythique rouge à lèvres a ses farouches adeptes, aussi bien hommes que femmes, et ceci tant pour une question de goût et d'onctuosité que pour les lèvres parfaites qu'il dessine et les marques troublantes qu'il peut laisser sur le pénis et les bourses.
Enfin, mentionnons les jeux d'eau. De nombreux couples raffolent de ces ablutions érotiques qui se pratiquent sous la douche ou dans la baignoire, mais qui peuvent tout aussi bien consister en un « échange de toilettes » au coin du lavabo ou bien en des rapports plus poussés dans une piscine, un plan d'eau ou la mer. Les femmes affectionnent ces jeux d'un abord naturel, où l'onctuosité de la mousse du savon ou des gels de bain donne de la facilité et un surcroît de sensualité à la moindre caresse. Les variations offertes à la bouche peuvent en outre être accompagnées de jets d'eau plus ou moins froids, plus ou moins forts, que la pomme de douche dispensera sur les parties sensibles de l'un ou l'autre des deux partenaires : hampe, bourses, pubis, mamelons, périnée... Si l'eau du bain n'est pas encore savonneuse, Madame peut même tenter une fellation « sous-marine ». Le fait de placer ainsi le couple en situation de toilette – donc de parfaite propreté – rend ces jeux d'un abord d'autant plus facile pour tous. Certains même oseront sauter le pas et s'aventurer à des

caresses anales qu'en tout autre lieu ils n'hésiteraient pas à qualifier d'inavouables. Pour être complets, toutefois, observons que ce souci de propreté ne prévaut pas toujours à un si haut degré chez l'ensemble des couples. Les fragances sexuelles ainsi qu'une légère odeur de transpiration peuvent présenter des vertus aphrodisiaques auprès de certains dès lors que ceux-ci ont atteint un certain seuil d'excitation. Ainsi, la fellation recherche constamment ses plaisirs et ses troubles entre le naturel le plus brut et la sophistication la plus extrême.

Artistes et mise en scène

Le choix du décor, de ses accessoires « meublants », de son ambiance sensuelle constitue un préalable incontournable pour une fellation d'intérieur hors du commun. Il projette le couple dans un univers de théâtre magnifié par la subtilité de choix quasiment artistiques – éclairage et musique, notamment. Là, pourtant, ne s'arrête pas cette théâtralisation qui érige parfois cette pratique au rang des beaux-arts. Comme pour un spectacle, le choix de la mise en scène et les qualités des comédiens sont déterminants. Une belle salle n'a jamais fait le succès d'une représentation... Par mise en scène, bien sûr, il faut entendre situation et choix des personnages. Nous parlons en effet d'un érotisme de situation et des divers artifices qui peuvent faire de vous d'autres « caractères » pour un jeu de rôles. De réelles qualités de comédien, enfin, sont parfois nécessaires pour être à la hauteur des silhouettes ainsi dessinées dans un fantasme. À défaut, une certaine dose de décontraction et un peu de pratique devraient suffire à pallier l'absence de dons particuliers.

Artifices pour courte focale

Certes, « l'artiste » est avant tout une comédienne, mais nous n'avons guère vocation à dispenser des cours de comédie... Si le couple est d'un caractère joueur, nous pouvons toutefois donner ici divers conseils permettant de créer le personnage de la fellatrice en la typant par son costume, mais aussi, plus encore, par un certain nombre d'accessoires ou d'artifices propres à enjoliver le spectacle offert à Monsieur en très gros plan – à courte focale. Ces accessoires propres à donner davantage de beauté et de caractère à son visage et à ses mains sont multiples, mais rappelons au préalable que, sauf à rechercher un effet de vulgarité ou de laisser-aller appuyé... il importe avant tout que Madame apporte autant que possible un soin particulier à son apparence physique : ongles peints ou vernis, fond de teint, yeux et lèvres maquillés, chevelure coiffée... C'est sur ces mains et sur ce visage irréprochables qu'elle va greffer les divers accessoires ou postiches nécessaires au parfait accomplissement du rêve sensuel visé à deux.
Le premier de ces artifices, c'est sa coiffure. Coupée court, voire très court, elle s'avère commode pour approcher le pénis et y exhiber la moindre caresse sans gêne aucune. Certains hommes, toutefois, peuvent estimer trouver là moins de féminité au visage de leur compagne. Les cheveux longs, de même, se révèlent fort pratiques à attacher en queue de cheval ou en natte, à nouer en chignon ou à rejeter régulière-

ment en arrière pour dégager la partie du visage exposée au voyeurisme de Monsieur. En outre, ils présentent l'avantage de pouvoir être promenés sur le sexe et le pubis masculins en une caresse légère dont bien des hommes raffolent. À l'inverse, les chevelures de longueur moyenne, notamment celles coupées au carré, ont tendance à envahir pénis et visage si on ne veille pas à les retenir par un bandeau, des pinces ou autres chapeaux. Bien sûr, au-delà de sa commodité, chaque coiffure donne une image psychologique particulière de celle qui l'a choisie. Ainsi, des cheveux longs laissés libres donnent une image plutôt romantique de la femme, tandis qu'enroulés en chignon ils suggèrent davantage un caractère trop sage, voire coincé, ou bien encore trop sévère, voire dominant. La coiffure, heureusement, est l'un des éléments du visage les plus faciles à changer. Les cheveux peuvent être à loisir raccourcis ou frisés, taillés, retaillés, roussis dans un style sulfureux, blondis pour plus de douceur, noircis pour plus de dureté... Mieux encore, on peut recourir à diverses perruques qui sauront chaque fois mettre Monsieur en présence d'une nouvelle femme et égarer son esprit et ses sens. L'artifice est commode, l'effet garanti ! Nous ne saurions trop conseiller au couple réellement amateur de fellations d'entreprendre sans tarder une collection de perruques...

Dans le même esprit, Madame peut user de divers autres postiches – faux cils, faux ongles et, pourquoi pas ? lentilles de couleur –, mais aussi, tout simplement, cacher à demi son visage derrière une voilette, un masque ou une paire de lunettes de soleil. D'une façon générale, les chapeaux sont fort efficaces pour transformer un visage... Bien sûr, les chapeaux à large bord façon courses à Chantilly se prêtent moins bien à la fellation que les bibis aux architectures plus modestes mais souvent agrémentés d'un tulle noir. Ah, la voilette ! Quel bonheur pour un homme de se faire sucer par une belle élégante qui s'encanaille en cachant à demi son visage derrière un tulle ! Effet garanti une fois de plus, surtout si Madame a eu le bon goût de conserver quelque strict tailleur pour se laisser aller à certaines privautés très décalées sur le sexe de Monsieur. Dans le même esprit, elle peut recourir à un loup pour masquer son visage. Cet artifice ajoute au mystère de la situation tout en lui accordant une connotation échangiste ou sado-masochiste, et, surtout, il met en valeur les yeux de la dame et souligne la tonalité, douce ou dure, recherchée par son regard. Les lunettes à verres sombres, quant à elles, n'opèrent pas dans le même registre. Certes elles peuvent contribuer à conforter une ambiance de mystère, mais elles privent Monsieur de la magie de son regard. À l'inverse, des lunettes noires présentent des avantages certains pour les femmes timides, qui peuvent trouver là une manière d'anonymat propre à les libérer, et pour les femmes redoutant les giclées de sperme dans les yeux.

« Tête-à-tête » à trois...

La fellation est une manière de tête-à-tête entre un sexe, un visage et une main. N'oublions donc pas la main, qui doit être soignée, mais qui peut être elle aussi « habillée » par des gants pour lesquels, bien sûr, on recherchera là encore une certaine élégance. À doigts longs ou coupés en mitaines, les gants de dentelle façon temps passé apportent ainsi un charme délicieusement suranné aux caresses prodiguées par la main. Le branle décidé d'un pénis de belle taille par une main délicate ainsi parée a même incontestablement un effet puissamment troublant pour l'esprit du monsieur qui l'observe en gros plan et en perçoit en direct les sensations physiques... Le gant de satin, lui – noir ou rouge et montant au dessus du coude – accuse davantage encore l'élégance sulfureuse de celle qui le porte. On trouve maints exemples de telles silhouettes féminines dans le cinéma d'avant et après-guerre. Elles sont en fait celle de la vamp, type érotique dont le nom venu de la puritaine Amérique évoque le vampire, être de succion par excellence... Observons surtout que ces longs gants très habillés ont un effet esthétique incontestable et que leur caractère fétichiste apporte un irrésistible complément de sex-appeal à leur propriétaire. Le satin, en outre, tout comme la soie, présente l'avantage d'être d'un contact d'une grande sensualité pour l'homme ainsi peloté et branlé. Suprême raffinement, enfin, si la taille de celles-ci le permet, Madame peut choisir de porter ses bagues par dessus ses gants. Le contraste du noir avec les métaux précieux et les pierreries est frappant. Notons néanmoins que certains messieurs ont une sainte horreur des bijoux, ou du maquillage – cela, il appartient à Madame de le savoir, mais ce sont généralement ceux qui n'aiment guère une sophistication trop affichée et qui ne seraient pas prêts à accepter une théâtralisation de leurs rapports sexuels. Pour les autres, l'abondance de bijoux de toutes sortes constitue un raffinement et donc un plaisir supplémentaire. Au milieu de tout ce luxe ainsi étalé... bagues et bracelets occupent évidemment une place de choix dès lors que la dame s'emploie à branler Monsieur, mais, finalement, nul bijou n'est inutile, depuis les boucles d'oreilles que le « voyeur » peut voir briller en très gros plan, jusqu'aux colliers longs que Madame peut enrouler autour de sa verge, soit pour la branler, soit pour en sucer le gland... Ce type de jeu, nous l'avons dit, peut bien sûr être pratiqué avec d'autres liens, du type cordelette ou foulard, et il nous rappelle justement que dans cette recherche d'artifices le couple ne doit pas oublier le sexe masculin lui-même, troisième partenaire de ce tête-à-tête à courte focale.

Sans revenir sur les saveurs déjà mentionnées ni insister sur la mode du piercing ou des bijoux péniens, notons que le sexe masculin peut être lui-même agrémenté soit d'un cockring, soit d'un string. Le cockring (« anneau de queue ») est généralement constitué d'une simple lanière de cuir ornée de boutons pressions et que l'on tient plus ou moins serrée à la base du pénis et des bourses. La vision de cette « attache » imposée au sexe qu'elle va sucer est d'autant plus troublante pour Madame que cet anneau a tendance à augmenter la congestion du pénis et à prolonger son érection. Le port du cockring est de même un motif de trouble pour l'homme. Le simple fait de le mettre en place peut suffire à provoquer son érection, car, soudain, il voit là son pénis devenir une manière d'objet sexuel. Bien sûr, ce sentiment se trouve renforcé si c'est Madame elle-même qui, d'autorité, met l'anneau en place...

Le string, quant à lui, met en valeur les fesses de l'homme, dont on sait bien que les femmes raffolent... et il « joue » à retarder la plénitude de la découverte du sexe masculin et de la fellation proprement dite. Hormis les modèles spéciaux, en cuir ou cloutés, les strings sont ordinairement taillés dans des tissus légers laissant deviner les chairs en cas d'érection. Dans l'esprit de progression érotique évoqué tout à l'heure, Madame trouve là l'occasion de jouer de façon très sensuelle avec le pénis et le paquet de son compagnon. Monsieur, de son côté, « subit » des sensations de plus en plus exaspérantes et attend avec impatience le moment où sa compagne va écarter cette très symbolique pièce de tissu pour découvrir un pénis congestionné par le manque de place et les taquineries. Monsieur a alors le quadruple plaisir de sentir son sexe enfin libéré, de guetter le regard gourmand de Madame, de voir son sexe en contact avec son visage, et, surtout, de sentir sa bouche remplacer sur son gland la relative rugosité du tissu.

Ô Quatrième !
Réjouis-moi !

Nous avons parlé jusqu'ici d'un tête-à-tête à trois personnages – la bouche, la main, le sexe –, mais, pour certains couples libérés souhaitant continuer à fonctionner hors triolisme, échangisme ou partouzes, il existe un quatrième compagnon possible et toujours disponible : le godemiché. Taille et forme sont d'une infinie variété. La matière, aussi, a sans cesse profité des progrès de la technologie. Hier en bois, en pierre, en os, en ivoire, en cuir, en métal... ces instruments de plaisir sont aujourd'hui moulés dans des matériaux de synthèse offrant un toucher, une souplesse et des couleurs des plus réalistes. Les plus coûteux offrent à la bouche et à la main ce troublant mélange de rigidité et de lourdeur d'un véritable pénis. Il y en a des roses, des bronzés, des noirs ébène... des courts et épais, des longs et effilés, des minuscules, des énormes... Certains ne représentent que la verge en érection, d'autres y ajoutent les bourses, voire un prépuce mobile ou... des poils. D'autres encore ont deux têtes, sont vibrants ou lumineux, éjaculent du lait tiède, se portent en ceinture, se fixent à un meuble par une ventouse ou bien sont des reproductions à l'identique du sexe des plus fameux « hardeurs » du cinéma X – reproductions généralement de belles dimensions, parfois même proposées en plusieurs tailles... Ordinairement réservé à la masturbation féminine, à de rares rapports lesbiens ou à la sodomisation, ce quatrième personnage peut en effet tout aussi bien servir à la fellation, et ce de multiples manières. Nous en citerons quatre tout en soulignant que, comme pour les perruques, le couple sh13ensuel peut se constituer une collection de godemichés et varier ainsi ses jeux à l'infini.

La première et la plus naturelle façon d'employer un godemiché au cour d'une fellation consiste pour Madame à l'utiliser sur elle-même, soit en se pénétrant, soit en caressant ses zones érogènes si l'instrument est vibrant. Bien sûr, il s'agit d'une arme à double tranchant dont l'effet peut varier d'une femme à l'autre, d'un jour à l'autre : tantôt la dame laisse son propre plaisir prendre le pas sur son application, tantôt elle y trouve un surcroît d'excitation qui fait tomber ses inhibitions. L'aventure mérite d'être tentée... La seconde façon consiste à le promener sur le corps de Monsieur, notamment ses mamelons, son sexe, son périnée et sa zone rectale, que les plus hardies pourront tenter de stimuler... plus profondément. On préférera là encore un godemiché vibrant à vitesse variable. On peut noter au passage que le couple peut égale-

ment amplifier ses sensations en préférant un de ces kits vibrants qui se composent d'un œuf pour le vagin de Madame et d'une bague pour la base du pénis de Monsieur. La dame, enfin, peut elle-même trouver son plaisir en amenant son compagnon à partager pleinement sa pratique, c'est à dire en suçant lui-même le godemiché qu'elle lui présente.
Cette éventualité nous conduit au domaine de l'exhibition, où le godemiché demande avant tout à être réaliste. Le couple doit avoir véritablement le sentiment d'être en présence du pénis d'un autre homme. Dans cet esprit, la troisième façon de jouer avec lui consiste pour Monsieur à l'offrir à lécher ou à sucer à sa compagne entre les caresses qu'elle prodigue à son sexe. Qui sait alors quelles idées peuvent venir à ce couple, surtout s'il emploie ce jour-là plusieurs de ces reproductions phalliques de tailles, de formes et de couleurs variées ?... Triolisme, gang-bang ?... Madame peut avoir le sentiment de s'abandonner ainsi à quelque voluptueuse orgie. Monsieur peut croire qu'il est son maître et qu'il la livre à d'autres hommes. Avec les godemichés, l'excitation est là, mais la morale est sauve ! Quatrième façon, enfin, d'utiliser ce fidèle instrument : se livrer sur lui à des répétitions ou à des exhibitions. Monsieur peut en faire un objet pédagogique sur lequel il indique à sa compagne peu expérimentée où porter ses caresses. Madame, si elle est au contraire déjà très libérée, peut montrer à son compagnon ce qu'elle sait faire, ce qu'elle va lui faire ou bien encore ce qu'elle ferait si elle était en présence de plusieurs hommes...

Plus de tenues, moins de tenue

Il reste à voir, en terme de mise en scène, quels personnages proprement dits et quelles situations choisir pour satisfaire les fantasmes de chacun et faire d'une fellation un événement sensuel hors du commun et mémorable. Outre l'apparence donnée aux circonstances (choix du lieu, des attitudes, des mots, des artifices et accessoires), ce jeu érotique qu'est une fellation ambitieuse puise sa force dans les décalages de tenue, de condition, d'autorité convenus entre les partenaires : l'un peut être entièrement nu, l'autre très habillé ; l'un peut jouer le rôle du riche client, l'autre celui de l'exécutant à son service ; l'un peut se montrer dominant, l'autre soumis.

Dans tous les cas, le choix des effets vestimentaires est essentiel à la crédibilité de la situation et à l'excitation devant en résulter pour chacun dans la conduite de ce jeu de rôles. Plus on se cache derrière une tenue qui n'est pas la sienne, moins on est contraint à respecter sa bonne tenue habituelle... Le plus simple des décalages possibles consiste alors à tenir l'un des deux partenaires entièrement nu ou peu s'en faut, tandis que l'autre est d'une élégance ou d'une sévérité vestimentaire recherchée. On peut imaginer ainsi un homme en costume strict s'abandonnant aux caresses expertes d'une dame jouant la prostituée dans le plus simple appareil, voire « déshabillée » de manière fétichiste avec pour tous vêtements talons hauts et bas noirs, serre-taille ou guêpière pigeonnante. À l'inverse, en rêvant de quelque bordel pour bourgeoises encanaillées, Madame peut revêtir un tailleur impeccable, avec gants et chapeau, et « se payer une queue » en abusant d'un pauvre julot contraint d'exhiber musculature et pénis sous un débardeur et un string assortis... Selon ses propres fantasmes, chacun trouvera bien sûr d'autres rôles à confier à son compagnon ou à sa compagne : depuis l'incontournable infirmière en blouse blanche jusqu'au traditionnel chauffeur de maître en lourde veste à double rangée de boutons, en passant par la mythique soubrette à talons aiguilles et tablier blanc telle qu'aimait jadis à la dessiner John Willie pour mieux la ligoter dans les magazines de bondage.

« Qui paye qui ? » croit-on savoir au premier abord, mais, finalement, dans ces jeux de pouvoirs infiniment subtils, qui est le mieux payé des deux ? La même question peut se poser lorsque l'on franchit la ligne blanche de ces rapports de force somme toute très « sociaux » pour plonger dans l'univers de cuir, de cordes, de latex et d'acier du sadomasochisme. Décrire les panoplies de matériels et de costumes utilisées pour ces jeux dépasserait notre propos – tout au plus pourrions-nous relever l'usage des cagoules pour nos mises en scène à courte focale –, néanmoins il convient d'insister sur le rôle de la fellation, et plus particulièrement de l'irrumation, dans les jeux sadomasochistes. La personne dominée se trouve souvent attachée dans des positions telles qu'un coït se révèle vite incommode. Pénétrer une bouche demeure au contraire facile si cette personne se montre docile. C'est là un moyen de prendre à bon compte du plaisir pour le caractère dominant, mais chacun sait qu'en ces circonstances ce caractère se préoccupe peu de ses propres sensations physiques. Son plaisir est cérébral et, sauf sadisme authentiquement pathologique, il veille avant tout à « rendre plaisantes » les humiliations et les douleurs de son ou sa partenaire. La pénétration d'une bouche par son sexe ou le fait que celle-ci accepte de le lécher ou de le sucer s'inscrit alors dans un rituel où, par des codes, les deux complices, dominant et dominé, éprouvent à l'identique un trouble dépassant toute sensation physique. Comme pour tout ce que nous venons d'évoquer si idéalement précédemment, la magie des éclairages et l'intensité dramatique de la musique ajoutent bien sûr au trouble de la situation...

Autres lieux, autres mœurs

La fellation peut être pratiquée partout, sous la seule réserve de respecter les limites imposées par la loi. En tout cas, dès lors que l'on quitte le secret et l'intimité de sa chambre à coucher, on s'expose à des troubles nouveaux en fonction de l'endroit choisi. Sans insister sur le cas de ceux qui recherchent de véritables lieux d'exhibition, tels que sous-bois, boutiques ou parkings, par exemple, ni sur celui des dames si accrocs de fellation et de sperme qu'elles ne dédaignent pas sucer plusieurs verges tour à tour et, surtout, deux verges en même temps, notons tout de même que, pour les couples les plus sages, tout le jus de ces situations décalées peut être également trouvé dans la plus stricte intimité, notamment s'il dispose d'un garage ou d'un jardin. La voiture et la nature sont en effet deux hauts lieux de fantasmes pour la pratique de la fellation.

La voiture, « véhicule » préféré du machiste, est, selon certains, en partie à l'origine de l'entrée croissante de la fellation dans nos mœurs. Ce « havre d'intimité

mobile » l'a rendue en effet praticable à tout moment et un peu partout, y compris dans les drive-in américains. Sans s'abandonner au risque d'être surpris, un couple possédant un garage ou un jardin protégé des regards peut imaginer divers fantasmes automobiles. Non seulement Monsieur peut se faire sucer assis au volant – ce qui constitue sur route une folie dangereuse ! – mais Madame peut également s'abandonner à « tailler des pipes » par la fenêtre de son véhicule et même, sous réserve d'avoir pris un minimum de précautions... y recevoir le sperme de son compagnon. Des jeux semblables peuvent bien sûr être pratiqués au jardin, selon des modalités spartiates ou bien, au contraire, en profitant du mobilier spécifique à celui-ci. Monsieur trouvera ainsi plaisir à se faire sucer sur un bon matelas de transat ou, plus original, au travers des mailles d'un hamac. S'ils sont suffisamment verts ou protégés de cannisses, balcons et terrasses peuvent offrir de paisibles repères au milieu de l'agitation de la ville. Pour peu que les angles de vue laissés à la curiosité du voisinage n'empiètent pas sur la relative intimité du lieu, un rebord de balcon ou de fenêtre peut servir d'appui à Monsieur tandis que Madame, cachée à ses pieds, s'ingénie à lui faire perdre son sérieux... L'imagination, en ce domaine, est sans limite, mais la prudence et l'attention à autrui doivent être à sa mesure. L'essentiel est de ne pas être vus par des yeux innocents !
Moins risqués, les jeux d'intérieur dépassant le strict cadre de la chambre sont eux aussi ouverts à l'imagination la plus débridée. Telle ou telle pièce d'ameublement ou tel ou tel bricolage peut en effet servir de prétexte ou de support à une fellation sortant de l'ordinaire. Deux exemples suffiront à nous en convaincre.

Tout d'abord, Monsieur peut s'abandonner aux délices de la fellation et du branle, allongé sur une table laissant « pendre » son sexe en dessous d'elle. Cela est possible en utilisant une de ces tables de campagne s'ouvrant en leur milieu pour recevoir des rallonges, ou bien, si on dispose d'assez de place pour la stocker discrètement, une table spécialement percée pour laisser passer bourses et pénis. La dureté du bois sous le corps de Monsieur, le sentiment d'impuissance produit par cette rude séparation entre son corps et sa fellatrice poussent alors à son paroxysme l'impression d'être pompé ou trait comme un animal. On devine à quel point l'éjaculation peut être abondante et défoulante pour l'homme ainsi abandonné, mais on imagine aussi combien la position peut être difficile à tenir pour sa compagne : une position « sous la table » qui n'est pas sans rappeler celle qu'imposent ces classiques jeux « sous le bureau ». Les femmes de petite taille ont évidemment la tache plus facile pour ce genre de sport, surtout si leur compagnon a un pénis plutôt lourd, ni trop rigide ni trop court...

Au contraire, avec notre second exemple, la fellation peut être grandement privilégiée, notamment si la dame se trouve assise sur quelque pouf plutôt qu'agenouillée. Il s'agit cette fois d'utiliser non pas un meuble mais une ouverture de porte que l'on tend pour la circonstance d'un rideau, de préférence noir ou rouge, couleurs à connotation rituelle. Monsieur se tient debout d'un côté du rideau, le sexe passé au travers du tissu fendu à mi-hauteur pour être livré aux jeux très libres de la dame installée de l'autre côté. Ce dispositif n'est rien de moins que la version intimiste des fameux glory holes de ces boîtes échangistes où

Monsieur et Madame ont le trouble plaisir d'être sucé et de sucer dans le plus parfait anonymat, sans savoir qui se trouve de l'autre côté de la cloison percée. Madame peut ainsi imaginer que l'homme qu'elle suce et qu'elle branle à son entière fantaisie n'est pas « Monsieur » ; et vice versa.

Enfin, avant de clore ce guide et afin de ramener notre propos vers la pure sensation physique, base tout de même essentielle de toute fellation réussie, observons à la lumière de ce dernier exemple que le fait de ne rien voir peut contribuer à exacerber l'excitation de Monsieur tout aussi bien que tous les jeux de rôles. Avoir les yeux bandés – et peut-être plus encore s'il est attaché... – ne peut que contraindre son esprit à imaginer le plus petit mouvement de lèvres, de langue, de main, et à lui faire ressentir la moindre sensation avec une acuité amplifiée. Il peut en outre se laisser aller à croire qu'il ne connaît pas sa fellatrice... tout comme, si c'est elle qui porte ce bandeau, celle-ci peut imaginer ne pas le connaître.

Et là se trouve bien toute la magie de ce jeu à deux – deux authentiques partenaires –, infiniment subtil et varié, qu'est la fellation !

conclusion

« la meilleure ouvrière du monde »

Avec ce guide, nous espérons contribuer à faire mieux connaître les techniques de la fellation, mais aussi à faire tomber des tabous, susciter des idées, des curiosités, des rêves... et offrir l'occasion de parler, d'échanger au sein des couples malades de l'insatisfaction ou gourmands de volupté.
La fellation peut être facilement une fête des sens et de l'esprit. Il nous semble que ces pages devraient apporter à chacun, homme ou femme, une part du remède à sa timidité, son ignorance, son dégoût. L'autre part, chacun la porte en soi, et elle est affaire de couple. À un, à deux, il faut puiser en soi pour trouver les trésors de patience et d'attention à « l'autre » qui permettent au couple de découvrir dans la fellation

une occasion d'intimité absolue et de plein épanouissement.

Certes Madame – pour le plaisir ou par amour – peut s'attacher à devenir en ce domaine ce que nous appellerions avec un clin d'œil « la meilleure ouvrière du monde », mais il appartient alors tout autant à Monsieur de devenir pour elle, en d'autres domaines, « le meilleur ouvrier du Monde ». La fellation, en effet, appelle une rigoureuse réciprocité dans le plaisir et dans la démonstration des sentiments. Quel que soit le degré de savoir-faire et de fantaisie que l'on souhaite y mettre, la fellation demeure avant tout un acte d'amour. Simplement, il est des bouches qui disent « je t'aime » autrement qu'avec des mots...

sommaire

Imprimé en UE